Saul Friedländer

Kurt Gerstein oder die Zwiespältigkeit des Guten

Verlag C. H. Beck

Mit 6 Abbildungen

Die Originalausgabe erschien 1967 im Verlag Casterman, Paris
unter dem Titel: Kurt Gerstein ou L'ambiguité du bien
Deutsch von Jutta und Theodor Knust

Gesamtherstellung: Druckerei C. H. Beck, Nördlingen
Umgschlaggestaltung: +Malsy, Willich
Umschlagabbildung: © epd-bild/Landeskirchliches Archiv
der Evangelischen Kirche von Westfalen
Printed in Germany
ISBN 978 3 406 54825 3

www.beck.de

Inhalt

Einführung

Am Nachmittag des 25. Juli 1945 wurde SS-Obersturmführer Kurt Gerstein tot in seiner Zelle im Militärgefängnis Cherche-Midi in Paris aufgefunden. Drei Monate zuvor hatte er sich den französischen Behörden gestellt, um Zeugnis abzulegen.

Dr. Jacques Trouillet, der am selben Tag um 17.25 Uhr den Tod Gersteins feststellte, fand die Leiche auf dem Feldbett der Zelle ausgestreckt liegen, in eine Decke gehüllt, von der ein Stück abgerissen war; damit soll sich der Gefangene erhängt haben [1]. Dem Gerichtsmediziner, der die Obduktion vornahm, schien der Selbstmord nicht zweifelhaft zu sein.

»Die Obduktion zeigt«, schreibt Dr. Piedelièvre in seinem Bericht vom 1. August 1945, »daß es sich um einen gewöhnlichen Erhängten handelt, das heißt, es findet sich keine Spur von Gewaltanwendung, sondern ein typischer Erhängungsstreifen ohne tiefreichende Verletzungen am Hals.

Man muß also auf Selbstmord schließen (keine verdächtige Verletzung, keine Spur von Gewaltanwendung) ... [2]«

Ein Bericht des Polizeikommissars Notre-Dame des Champs vom 25. Juli 1945 enthält folgenden Abschnitt: »Gerstein hat mehrere Briefe hinterlassen, in denen er seine Absicht, Selbstmord zu begehen, zu erkennen gibt. Sie sind uns vorgelegt worden. Sie müssen Richter Matéi zurückgegeben worden sein [3].« Diese Briefe sind nicht wiedergefunden worden.

Am 3. August wurde Gerstein auf dem Friedhof Thiais unter dem Namen »Gastein« beerdigt[4]. Drei Jahre lang blieb seine Familie im ungewissen über sein Schicksal. Erst im Jahr 1948 wurde sie offiziell von dem Selbstmord verständigt.

Am 26. Oktober 1960 berichtete der Leitende Offizier des Zentral-Depots der Archive beim Militärgerichtshof in Meaux an den französischen Heeresminister. Nachdem der Leitende Offizier die mutmaßlichen Umstände beim Tode Gersteins zusammengefaßt hatte, betonte er:

»... daß die Gerichtsakten über die Beendigung des Verfahrens durch Einstellungsbeschluß (Anklage aufgehoben) mit Datum vom 18. Oktober 1945 nicht im Zentral-Depot Meaux eingegangen sind.

Daß sich an ihrer Stelle ein seinerzeit von der Kanzlei des Kriegsgerichts Paris eingetragener Vermerk: ›Akte verlorengegangen‹ findet.

Daß trotzdem aus dem Fernschreiben Nr. 32827/MG/DJM/2 CDC mit Datum vom 23. Oktober 1945, das in dem mir unterstehenden Archiv der Zentralverwaltung aufgefunden wurde, hervorgeht, daß der Bevollmächtigte der Regierung beim Zweiten Kriegsgericht Paris von Ihnen die Genehmigung erhalten hat, diese Gerichtsakten an den Leiter der Untersuchungsstelle für feindliche Kriegsverbrechen zu schicken.

Daß diese Dienststelle am 10. November 1945 die Akte des Zweiten Ständigen Kriegsgerichts Paris und mehrere Dokumente unter Nr. 8786 an Professor Gros an der französischen Botschaft in London, Carlton Garden 4, gesandt und ihn gebeten hat, besagte Schriftstücke an den polnischen Delegierten beim Ausschuß der Vereinten Nationen für Kriegsverbrechen weiterzuleiten.

Daß alle Nachforschungen, die angestellt wurden, um

einen Hinweis auf die Rückkehr dieser Akte zu finden, vergeblich waren.

Daß der Kommandant des Militärgefängnisses dem Bevollmächtigten der Regierung beim Zweiten Ständigen Kriegsgericht Paris am 26. Juli 1945 tatsächlich einen Bericht über den Selbstmord des Beteiligten zusammen mit einem Brief desselben (vermutlich kurz vor dem Selbstmord mit der Absicht geschrieben, diese Tat zu rechtfertigen) geschickt hat.

Daß sich aber keine Spur dieser Dokumente im Archiv des Zentral-Depots findet ...[5].«

Im Jahr 1956 wurde das Grab auf dem Friedhof Thiais, in dem Gerstein beigesetzt worden war (nach dem Register des Jahres 1945 vierzehnte Abteilung, zwanzigste Reihe), mit einem ganzen Teil des Friedhofs eingeebnet. Jede Identifizierung wurde damit unmöglich.

Das Geheimnis, das den Tod Kurt Gersteins umgibt, ist der letzte Aspekt des Rätsels, das sein ganzes Leben war: Dieser überzeugte Christ, anscheinend bedingungsloser Gegner des Nationalsozialismus, war in die SS, die »Schwarze Garde« des Hitlerregimes, eingetreten. Er blieb bis zum Ende darin, hatte teil an der Lieferung von Giften, die zur Ausrottung der Juden bestimmt waren, und wurde zu einem der entscheidenden Zeugen für die abscheulichen Massenhinrichtungen. Und dennoch war er für viele jener Menschen, die ihn gekannt haben, durch das Schicksal, das er frei wählte, eine einzigartige Persönlichkeit, ein Mann, der in die Hölle vorgedrungen war, allein in der Absicht, vor der Welt Zeugnis abzulegen und den Opfern zu helfen. So war Gerstein für Landesbischof Dibelius »ein überzeugter Christ«; für Oberkirchenrat Pastor Wehr ist »die Konstantheit seines innersten Wesens niemals zweifelhaft gewesen«; für Pastor Niemöller, den Leiter der Bekennenden

Kirche und der evangelischen Opposition gegen Hitler, war Gerstein »ein etwas ›sonderbarer Heiliger‹, aber durchaus lauter und einlinig« [6]. Und dennoch spürt man selbst in den Zeugnissen seiner überzeugtesten Verteidiger ein gewisses Unbehagen, ein Unvermögen, die Persönlichkeit Gersteins völlig zu erklären.

»Eine Gestalt wie die Kurt Gersteins«, erklärte Wehr, »muß notwendigerweise im Zwielicht, oder besser, im eindeutigen Licht bürgerlicher Maßstabsbeurteilung erscheinen, ja, er muß als schlechterdings unglaubwürdig erscheinen. Die geradezu unheimliche Meisterschaft der Tarnung seiner innersten christlichen Existenz durch einen zur Schau getragenen äußeren Habitus zu keinem andern Zweck als zu helfen, spottet aller normalen Maßstäbe ... Eine diesem Manne wirklich nach seinem innersten Wesen und Wollen gerecht werdende Beurteilung wird allen moralischen politisch-psychologischen Versuchen unzugänglich bleiben [7].«

Die Spruchkammer Tübingen verurteilte Kurt Gerstein im Jahr 1950 – nach seinem Tod. Allzu viele »objektive« Umstände belasteten ihn. Fünfzehn Jahre lang wurden sämtliche Berufungen abgelehnt. Erst Ende 1964 entschlossen sich die Behörden von Baden-Württemberg, den Fall noch einmal aufzurollen. Am 20. Januar 1965 wurde Kurt Gerstein offiziell entlastet.

Doch die Entscheidung der Behörden von Baden-Württemberg kann das Rätsel dieses einsamen Menschen und der vielschichtigen und widersprüchlichen Berichte nicht lösen, die ihn bald in Zusammenhang, bald in Gegensatz zu der Gesellschaft brachten, aus der er hervorgegangen war.

Dieses Buch setzt sich in erster Linie das Ziel, mit Hilfe von überwiegend unveröffentlichten Dokumenten das Leben Kurt Gersteins nachzuzeichnen. Während der Jahre vor seinem Eintritt in die SS war sein Weg der von vielen Deutschen und vor allem evangelischen Reichsbürgern dem Nationalsozialismus gegenüber. Wir werden versuchen, über diese Geschichte eines einzelnen hinaus die Dilemmas einer ganzen Gesellschaft zu erfassen. Das Schicksal Gersteins war zwar einzigartig, aber die Probleme, die es stellt, sind, wie wir sehen werden, von allgemeiner Tragweite. Schließlich werden wir im Hinblick auf die jüdischen Opfer nicht nur die Einstellung der Henker prüfen müssen, sondern auch die der »Zuschauer«, die Gerstein zu alarmieren versuchte: die deutschen Kirchen, die Alliierten, den Heiligen Stuhl. So werden die großen Etappen der »Endlösung« und ihre unmittelbaren Nebenwirkungen den Hintergrund für den zweiten Teil des Berichts bilden.

Die Dokumente, die für den im wesentlichen biographischen Teil dieser Studie benutzt worden sind, weisen verschiedenartigen Charakter auf: Da sind vor allem die drei von Kurt Gerstein selbst verfaßten Berichte, einer in französischer, die beiden andern in deutscher Sprache. Es handelt sich in diesen drei Fällen um nahezu gleichlautende Texte, die über das Leben Gersteins und über das berichten, was er in den Vernichtungslagern Belzec und Treblinka miterlebte, sowie über seine Versuche, die Welt zu alarmieren und die Verwendung des Gases zu sabotieren.

Der französische Text ist als einziger in Kurt Gersteins Handschrift aufgezeichnet. Er ist datiert: »Rottweil, 26 avril 1945.« Gerstein hatte ihm zwölf Rechnungen der Firma Degesch, auf seinen Namen ausgestellt, die sich auf Lieferungen des Giftgases »Zyklon B« an die Lager Oranienburg und Auschwitz bezogen, sowie einen Brief beigefügt, den die Degesch ihm am 3. Juni 1944 geschrieben hatte.

Der mit der Maschine geschriebene deutsche Text mit dem Datum: »Rottweil, 4. Mai 1945« war für Frau Gerstein bestimmt; Frau Gerstein fand ihn jedoch erst im Jahr 1946 im Hotel »Zum Mohren« in Rottweil.

Ein anderer deutscher Text des Berichts mit der Datierung: »Tübingen, zur Zeit Rottweil, Hotel zum Mohren, den 6. Mai 1945« stammt von einem gewissen Staß, der ihn von einem Hersfelder Polizeibeamten im Sommer 1945 erhalten haben soll, als er selbst aus dem Lager Buchenwald nach Köln zurückkehrte.

Professor Hans Rothfels und andere Fachleute haben diese drei Texte einer Prüfung unterzogen. Ihre Echtheit kann heute nicht mehr bezweifelt werden.

Wir haben in unserer Studie im wesentlichen die französische Fassung des Gerstein-Berichts benutzt. Der Stil ist stockend und unbeholfen, drückt jedoch gerade durch seine Naivität die Emotionen des Verfassers intensiver aus als die korrekten Fassungen in deutscher Sprache*. Wir haben diesen Text durch einige Fragmente ergänzt, die in den von Gerstein bei seinem Tod hinterlassenen Papieren gefunden wurden, so durch die Erklärung, die er zwei Offizieren, dem Engländer Evans und dem Amerikaner Haught, gab, als er ihnen am 5. Mai 1945 den französischen Text seines Berichts aushändigte. Diese Erklärungen bilden Kommentare zu gewissen Stellen des Berichts; es handelt sich also um Rückübersetzungen aus dem Englischen, die Léon Poliakov im Jahr 1964 zugleich mit dem vollständigen Text des französischen Berichts in *Le Monde juif* (März bis April 1964) veröffentlicht hat.

* Die Übersetzer hielten sich für verpflichtet, wo irgend möglich, die deutschen Fassungen heranzuziehen; eine Rückübersetzung des naiv wirkenden französischen Textes in ein ebenso unbeholfenes Deutsch hätte das Bild Gersteins verfälscht.

Zu den drei Fassungen des Gerstein-Berichts und zu seinen Erklärungen im Mai 1945 treten die Texte der beiden Vernehmungen, denen Gerstein am 26. Juni und am 10. Juli 1945 von Offizieren der französischen Kriegsgerichtsbehörden unterzogen wurde.

Der wichtigste und fast völlig unveröffentlichte Teil unserer Dokumentation setzt sich aus Briefen von Kurt Gerstein an seine Frau, seinen Vater und an verschiedene Freunde zusammen sowie aus dienstlichen Urkunden und schließlich aus Schreiben, die in den Akten des »Braunen Hauses« in München gefunden wurden und die zwischen 1936 und 1940 an das Parteigericht der Nationalsozialistischen Partei mit dem Ziel gerichtet worden waren, Rehabilitierung zu erlangen.

Schließlich haben wir die Mehrzahl der Zeugenaussagen über die Persönlichkeit und Rolle Gersteins benutzt. Dieses sehr reichhaltige und bis jetzt zum großen Teil noch nicht ausgewertete Material ist schwer zu behandeln. Die Aussagen stammen aus den verschiedenartigsten Quellen. Manche sind 1949, andere 1965 oder sogar 1966 verfaßt worden. Wie soll man dabei den Anteil der Fabelbildung und der Wahrheit bestimmen? Wir haben verschiedene Methoden der inneren Kritik auf diese Quellen angewendet und solchen Aussagen viel Wert beigemessen, die im Hinblick auf ein und dasselbe Faktum übereinstimmen.

Der entscheidende Teil, der in unserer Dokumentation fehlt, bleibt die Akte der französischen Militärgerichtsbehörde, die vor allem die Briefe Gersteins enthalten soll, in denen sein angeblicher Selbstmord erklärt wird.

Verschiedene Hinweise lassen uns vermuten, daß sich diese Akte in den Archiven der Vereinten Nationen befindet, zu denen der Zugang äußerst schwierig ist. Ein Dokument, das uns von dem Institut *Yad Washem* in Jerusalem überlassen worden ist, scheint ein Stück aus dieser Akte zu sein.

Die Arbeit an diesem Buch wäre ohne die Hilfe von vielen Seiten nicht möglich gewesen. Unser Dank gilt zu allererst Frau Elfriede Gerstein, die uns gern erlaubt hat, die Briefe ihres Mannes zu benutzen, und die außerdem einen wesentlichen Beitrag zu dem Buch geleistet hat, indem sie die Dokumentation durch die Aufzeichnung ihrer persönlichen Erinnerungen vervollständigte. In gleicher Weise danken wir Herrn Herbert Weißelberg, dem Geschäftsführer des Kurt-Gerstein-Hauses in Berchum, der seit fast zwanzig Jahren alle Dokumente und Zeugenaussagen sammelt, die Gerstein betreffen: Ohne seine Unterstützung hätte dieses Buch nicht geschrieben werden können.

Angeregt wurde diese Biographie von unseren Freunden Léon Poliakov und René Wintzen. Für ihre ständige und wirksame Hilfe sprechen wir ebenfalls unsere tiefe Dankbarkeit aus. Schließlich danken wir Miss Lucille M. Petterson, Leiterin des Document Center der USA in Berlin, den Herren Brand und Ben-Zion Meiry aus Jerusalem, Mademoiselle Astrid von Borcke und Monsieur Michael Hofmann vom *Institut de hautes études internationales* in Genf, Monsieur Jean-Claude Favez und ganz besonders Mademoiselle Francine Miroux, die bei der endgültigen Formulierung des Textes eine bemerkenswerte Mitarbeiterin war.

Herrn Gert H. Theunissen danke ich herzlich für die Überlassung des Textes einer wichtigen Sendung über Kurt Gerstein, die der WDR 1957 ausgestrahlt hat.

Es versteht sich von selbst, daß die Bewertung der Persönlichkeit Gersteins und seiner Rolle ausschließlich die des Verfassers ist.

Ein Deutscher wie viele andere

Die Last einer Tradition

Als der junge Bergingenieur Kurt Gerstein im Mai 1933, drei Monate nach Hitlers Machtergreifung, der Nationalsozialistischen Partei beitrat, war sein Entschluß – wie der von Millionen andern deutschen Protestanten – zum Teil das Ergebnis einer autoritären Erziehung, einer nationalistischen Tradition und eines religiösen Einflusses, die sich miteinander verbanden.

Kurt Gerstein wurde am 11. August 1905 als sechstes von sieben Kindern der Familie in Münster geboren. Nach Angabe seines Vaters Ludwig waren die Gersteins von »rein arischem deutschem Blut« und stammten überwiegend aus Niedersachsen. Seit dem sechzehnten Jahrhundert lebten sie auf dem linken Rheinufer und stellten ihren Landesherren eine lange Reihe von Beamten, vor allem Richter. Nur ein Urgroßvater von Kurt machte eine Ausnahme: Nach kurzer Dienstzeit als Leutnant erhielt er den Abschied, lebte von seinem Vermögen, das er verschwendete, und versuchte sich als Schriftsteller. Er war der einzige, aus dem »nichts wurde« ... Die Schmemanns auf mütterlicher Seite waren seit Generationen in Dortmund ansässig, und fast alle waren Unternehmer und Kaufleute[1]. Auf beiden Seiten sind Kurts Vorfahren also beispielhafte Vertreter eines in seiner Gesamtheit eng chauvinistischen preußischen Bürgertums, das seit 1871 der Größe des Reiches bedingungslos verpflichtet und der Autorität völlig ergeben war:

»Du bist Soldat, Beamter und hast die Befehle Deiner Vorgesetzten auszuführen. Die Verantwortung trägt der

Befehlende, nicht der Ausführende. Ungehorsam gibt es nicht, Du hast zu tun, was befohlen wird. So habe ich es als alter preußischer Beamter und als alter Offizier gelernt [2].«

Diese Zeilen, die Ludwig Gerstein im Frühjahr 1944 an Kurt schrieb, stellten die gesamte Ethik im Leben dieses Richters dar. Sie bildeten die einzige Antwort an einen Sohn, der gefragt hatte:

»Haben wir überhaupt ein Verfügungsrecht über ein uns anvertrautes Pfand, die *Gerechtigkeit*? Dürfen wir je die Güte preisgeben, von der es heißt, daß wir darin allein uns von allen Geschöpfen, die wir kennen, unterscheiden?« [3]

Am Ersten Weltkrieg nahm Ludwig Gerstein mit dreien seiner Söhne teil; der Älteste fiel im Jahr 1918 bei Cambrai. Für die Familie Gerstein folgte der Trauer und der Niederlage die Vertreibung; die französischen Besatzungsbehörden entfernten den Vater aus der Stellung, die er seit 1911 am Landgericht Saarbrücken innehatte. Als Ludwig Gerstein zum Richter in Halberstadt und dann, im Jahr 1921, in Neuruppin ernannt wurde, erlegte er seiner Familie ein noch strengeres und ernsteres Leben auf als zuvor: »Wir haben einen Krieg verloren und sind arm geworden«, pflegte er zu äußern [4], um seine wachsende Sparsamkeit zu erklären. Strafen waren häufig, doch vor allem wurden sie mit einer Kälte und Härte ausgeteilt, deren sich Kurt noch lange erinnerte [5].

Bei seiner Mutter fand der junge Gerstein zunächst nicht die Wärme, deren er bedurfte. Lange Zeit fühlte er sich von ihr vernachlässigt, und erst viel später, nach ihrem Tod, zeigte ihm ein zufällig wieder aufgefundener Brief der Mutter, wie sehr sie selbst darunter gelitten hatte, daß sie ihm nicht mehr Zeit widmen konnte [6]. In dieser völlig von der väterlichen Autorität beherrschten Atmosphäre entwickelte sich die Spannung zu seiner Familie.

»Er ist wohl das schwierigste der sieben Kinder meiner Eltern gewesen, und daraus haben sich in seinem Verhältnis zu Eltern und Geschwistern mancherlei Spannungen ergeben. Er ging von jeher in besonderem Maße seinen eigenen Weg, so daß der Zugang zu ihm nicht eben leicht war. Manches an ihm hatte etwas geradezu Abenteuerliches an sich. In den letzten Jahren seiner Schülerzeit begann seine bewußte Hinneigung zur Kirche ... [7].«

»Er war, wie einer seiner Jugendfreunde sagt, ein impulsiv-leidenschaftlicher Idealist, der immer schon das schwarze Schaf in der Familie war [8].«

Es war nicht nur Kurt Gerstein allein, der revoltierte; es war die Reaktion einer ganzen Jugend, der des Wandervogels und der von Langemarck. Diese Revolte ging jedoch bald vorüber und führte bei den meisten zu einer neuen Mystik der Autorität und zu einem Bedürfnis, sich völlig zu unterwerfen. Auch für Kurt Gerstein selbst wurde die Autorität wieder zum unerschütterlichen Fundament jeder Erziehung:

»Autorität und Vertrauen sind die beiden Grundlagen ... für die Erziehung schlechthin. Autorität bedeutet ein abgewogenes Maß von Respekt, Achtung, Strenge und Konsequenz [9].«

Hier findet sich übrigens auch sein Gottesbild:

»Er (Gott) bleibt jeden Augenblick ... Schöpfer und Erhalter, ohne dessen Wissen und Willen kein Sandkorn am Meer sich gegen das andere verschieben kann [10].«

Das ist Ludwig Gerstein, der Vater, mit göttlicher Majestät bekleidet.

Während der Pubertät ertrug Kurt Gerstein den Zwang der Schule anscheinend ebensowenig wie den der Familie. In den Gymnasien von Saarbrücken, Halberstadt und Neuruppin, die er nacheinander besuchte, hinterließ er die

Erinnerung an einen eher intelligenten als fleißigen Schüler, der mehr zu Unfug jeder Art neigte als zum Studium der klassischen Sprachen.

»Die Folge war, daß er immer sehr schlechte Zeugnisse erhielt, sowohl in den wissenschaftlichen Fächern wie in seiner Führung«, schreibt sein Griechischlehrer in Halberstadt, Studienrat Schinke. »Das bekümmerte ihn aber gar nicht. Man hatte im Gegenteil den Eindruck, daß ihn die ungünstige Beurteilung noch amüsierte... Alle Versuche, auf ihn einzuwirken und ihn zu einer Änderung seines Verhaltens zu bewegen, blieben vergeblich[11].«

Nachsitzen und andere Strafen waren häufig, »weil er staatliches Eigentum dadurch beschädigt hat, daß er durch eine Tischplatte ein daumenstarkes Loch gebohrt hat«, weil er »vor der Lateinstunde eine ungehörige Kritik über die gestellte Aufgabe an die Wandtafel geschrieben«, weil er »häufig einzelne Tage... die Schule versäumt hat« [12].

Als ihn der Griechischlehrer Schinke eines Tages anwies, sich am Nachmittag zur Strafe in der Schule einzufinden, mietete er eine Pferdedroschke und richtete es so ein, daß er seinen Lehrer damit überholte, der sich zu Fuß ins Schulgebäude begab: Ein freundliches Winken vom bequemen Polstersitz aus, und Kurt Gerstein setzte die Fahrt fort, den verblüfften Lehrer hinter sich lassend [13].

Trotz allem schaffte er mit zwanzig Jahren das Abitur.

Kurt Gerstein entschloß sich zum Beruf des Bergingenieurs. Im Jahr 1925 ließ er sich an der Universität Marburg immatrikulieren und trat in das dortige Corps *Teutonia* ein, das eine der nationalistischsten Verbindungen in Deutschland war.

»Als Student ist er«, schreibt sein Vater im Jahr 1949, »auf meinen Wunsch meinem Corps beigetreten, aber nicht als voller Corpsstudent, sondern als Conkneipant... Das heißt, er durfte an den beratenden Sitzungen des Corps nicht teilnehmen [14].«

Später kritisierte Kurt Gerstein die Leichtfertigkeit der Angehörigen der *Teutonia* und die Bräuche des Corps [15]. Der intensive Nationalismus der studentischen Verbindungen scheint ihn dagegen nicht abgestoßen zu haben. In diesem Punkt stimmte Kurt Gerstein mit seiner Familie und seinem Milieu überein; er blieb noch lange ein überzeugter »bürgerlich-konservativ-nationaler« Deutscher. In seinem Bericht vom April 1945 schrieb er, er sei ein Anhänger von Stresemann und Brüning gewesen. Doch zweifellos hatte er der deutschnationalen Rechten, der sein Vater angehörte [16], nähergestanden, jener Rechten, die das Weimarer »System«, das »Parteiensystem« ablehnte und von der Wiedergeburt eines mächtigen Deutschen Reiches träumte, das über einen weiten »Platz an der Sonne« verfügte. So nahm Kurt Gerstein im Januar 1933 in einem Artikel, dem er den Titel »Um einen neuen Wehrwillen« gab, die wesentlichen deutschnationalen Schlagworte wieder auf: »Vernichtungswille« der Feinde Deutschlands, »weichlicher Pazifismus« und unbedingte Notwendigkeit einer Wiederaufrüstung des Landes, um dem »nationalen Selbstmord, der feigen Verneinung der Daseinsberechtigung unseres Volkes« zu entgehen [17]. Wir werden noch vielen Beweisen für diesen glühenden Nationalismus begegnen, den Kurt Gerstein in den dreißiger Jahren zeigte. Die Ansprache, die er aus Anlaß der Auflösung der Bibelkreise hielt, ist in dieser Hinsicht besonders bezeichnend [18]. Doch da stellt sich sofort eine weitere Frage: Ein Nationalismus dieser Art geht im deutschen Bürgertum dieser Epoche häufig Hand in Hand mit einem mehr oder weniger ausgeprägten Antisemitismus. Sind auch die Gersteins Antisemiten?

Das von Ludwig Gerstein bearbeitete und im Jahr 1934 veröffentlichte genealogische Album der Familie enthält zu diesem Thema zwei interessante Stellen:

»Gelegentlich einer Amerikafahrt stellte Joh. Daniel Gerstein 1933 das Vorhandensein von 12 Gersteins im New Yorker Telephonbuch fest. Auf Befragen wurde ihm bedeutet, daß es sich vermutlich um Juden handelte, die ihre jüdische Abkunft unter diesem Namen zu verbergen suchten. Das sei allgemein üblich und erlaubt.

In den 1890er Jahren tauschte der Jude Dr. med. Richard Goldstein in Hamburg seinen Namen gegen den Namen Gerstein ein. Eine Beschwerde meines Bruders Karl beim Senat war erfolglos, doch sicherte man ihm zu, daß das nicht wieder vorkommen sollte. Meine erneute Eingabe 1933 ist unbeantwortet geblieben.

In Berlin studierte ein staatenloser Gerstein 1930 auf der polytechnischen Hochschule Charlottenburg. Ein russischer Jude – Ingenieur – namens Bernhard Gerstein wurde im Berliner Adreßbuch festgestellt [19].

Diese Ahnentafel schließt mit einer ›Mahnung an unsere Nachfahren‹:

Nur arisches, überwiegend niedersächsisches Blut fließt in euren Adern. Haltet die Rasse rein!« [20]

Trotzdem schreibt ein jüdischer Zeuge nach dem Krieg:

»Beim Regierungsantritt Hitlers bewies er (Ludwig Gerstein) Mut... Er begab sich in das Büro meines Vaters und dessen Sozius, jüdischer Rechtsanwälte in Hagen, um ihnen die ersten gegen die Juden geplanten Maßnahmen mitzuteilen und zu erklären, daß er sie lebhaft bedauere [21].«

Bei Ludwig Gerstein ließe sich also höchstens ein sehr gemäßigter Antisemitismus feststellen. Was dagegen Kurt betrifft, so werden wir später sehen, daß er mindestens eine Zeitlang von diesem Vorurteil nicht losgekommen ist.

Nachdem Gerstein drei Semester an der Universität Marburg studiert hatte, setzte er sein Studium an der Technischen Hochschule Aachen, dann in Berlin-Charlottenburg fort. Im Jahr 1931 machte er sein Diplomexamen als Bergingenieur. Doch das alles waren nur »äußerliche« Aspekte seiner Existenz: während dieser Zeit war seine Persönlichkeit dem bestimmenden Einfluß der Religion unterworfen.

»In der Volksschule hatten wir einen sehr feinen Religionsunterricht. Daneben danke ich unserm frommen und klugen Hausmädchen ..., daß es mich gelehrt hat, schon früh Gott ganz ernst zu nehmen. Meine Familie konnte mir in religiöser Beziehung nicht eben viel mitgeben. Es wurde fast nie von Gott gesprochen ... In einem durch und durch blutleeren und nur formalen Religionsunterricht an der höheren Schule blieb der Hunger, der ganz tief in mir lag, ungestillt. Den Weg zur Kirche zeigte mir niemand [22].«

In dem gleichen Zusammenhang kommt Gerstein auf sexuelle Probleme seiner Jungenzeit und auf ihren Einfluß auf seine Einstellung zu Gott zu sprechen:

»Es schien mir hier etwas Schreckliches, etwas Schlimmes vorzuliegen, irgendein schmutziges Geheimnis. Nie hat jemand bis zu meinem siebzehnten oder achtzehnten Lebensjahr anständig oder vernünftig mit mir über Vater und Mutter und das Werden des Menschen gesprochen, so daß in meiner Geistesauffassung die Begriffe Huren und Zeugen gefährlich nahe beieinander lagen [23].«

Dieser Satz ist vor allem durch die Verwirrung bedeutsam, die er enthüllt.

»Es wäre mir ausgeschlossen erschienen, darüber einen älteren Menschen zu fragen, und von sich aus hat keiner mit mir darüber gesprochen, sosehr ich das auch herbeigesehnt habe, weil ich in beständiger Gefahr war, in diesem inneren Wirrwarr völlig Ziel und Richtung zu verlieren [24].«

Außerdem offenbart sich ein intensives Schuldgefühl:

»Ich nahm gerade wegen meiner Schuld... an, mir sei doch nicht mehr zu helfen, und bemühte mich, los von Gott zu kommen und mir einzubilden, es gäbe keinen Gott. Denn das war die einzige Möglichkeit, in diesem Zustande weiterzuleben, aus dem ich keinen Ausweg wußte. Ich begann damals, alles ›Religiöse‹ zu hassen und zu bekämpfen, weil es mich auf diesem Wege unsicher machen konnte. Aber sosehr ich mich mühte: Es ist mir... nicht gelungen, Gott zu fliehen. Ich erlebte damals Gott von seiner furchtbaren Seite im Sinne des Bibelwortes: Schrecklich ist es, in die Hände des lebendigen Gottes zu fallen [25].«

Gerstein beschreibt ausführlich seine Konflikte. Ein Schuldgefühl und die Sehnsucht nach der »Reinheit« verfolgten ihn beständig. Die ersten Jahre des Studiums brachten keine Lösung; die Atmosphäre der Studentenverbindungen trug nur zur Vermehrung der Schwierigkeiten bei.

»Je unheiliger die Sphäre war, desto ernster habe ich versucht, dieser Umgebung wenigstens innerlich zu entfliehen. Ich mußte mich der Bundeszucht fügen, so kam es vor, daß ich nachts... von der Kneipe kam und dann... mit einem großen Hunger meine Bibel las [26].«

Gerstein gibt nicht genau an, wie er zum Frieden gelangte: Er spricht von einem Kreis junger Handwerker, Arbeiter und Angestellter, in dem ihm nach und nach »ein persönliches Verhältnis zu Christus geschenkt« wurde [27]. Seine Besorgnisse scheinen vergangen zu sein. Die sexuellen Probleme der Heranwachsenden blieben jedoch für ihn als Erzieher besonders entscheidend und bildeten das ständige Thema seiner Ansprachen und Schriften während der folgenden Jahre.

Daß die Religiosität Gersteins zu Anfang durch ein Schuldgefühl verstärkt wurde, dürfte wahrscheinlich sein.

Tatsächlich bestätigte er es selbst einmal fast ausdrücklich. Völlig verschwand die Last dieser Schuld übrigens nie. Für ihn blieb Gott stets der schreckliche Gott[28].

Der intensive Glaube Gersteins und die Tätigkeit, die er sehr bald in den Kreisen der evangelischen Jugendbewegung entfaltete, brachten ihn unausweichlich in Berührung mit den grundlegenden Ansichten des deutschen Protestantismus in der Weimarer Republik.

Von Anfang an autoritär und seit dem neunzehnten Jahrhundert nationalistisch, trug der deutsche Protestantismus der Republik gegenüber eine offizielle Neutralität zur Schau, die eine latente Feindseligkeit maskierte.

Es handelte sich dabei nicht um den extremistischen Flügel der »Deutschen Christen«; die »arische«, »germanische« und durchaus antisemitische Tendenz dieser Richtung des deutschen Protestantismus fand gewiß weithin Gehör in der evangelischen Kirche, aber ihre Theorien, die der Andersen, Frenssen, Hossenfelder, übten kaum unmittelbaren Einfluß auf den jungen Gerstein und die Gruppen aus, denen er angehörte. Immerhin hatte sich aber die Bewegung der Deutschen Christen in einem sehr weiten Gebiet entwickelt, in das vielfältige Einflüsse einmündeten, die im Lauf der zwanziger Jahre im gesamten deutschen Protestantismus ihren Ausdruck fanden.

Die fast völlige Gleichsetzung der religiösen mit der politischen Autorität, aus den Bedingungen erwachsen, unter denen sich die Reformation wie die Lehre Luthers durchsetzten, verstärkte sich im Wilhelminischen Reich noch. Nun wird das Band zwischen Thron und Altar offiziell geknüpft: »Der deutsch-preußische Obrigkeitsstaat wurde mit Hilfe der lutherisch-altprotestantischen Ethik weltanschaulich begründet[29].«

Unter diesen Bedingungen stand die große Mehrzahl der Führer des deutschen Protestantismus der demokratischen Republik, die die Niederlage von 1918 als unabänderlich hinnahm, mit Zurückhaltung, wenn nicht mit offener Feindschaft gegenüber. Die überlieferte Autorität war verschwunden und mit ihr die Gleichsetzung von deutschem Protestantismus und Staat. Die Republik verkündete die religiöse Freiheit; ihre Führer waren Freidenker, bisweilen »Sozialisten«, und hier und da sah man auf bedeutenden Posten des neuen Staates einen – Juden erscheinen. Es war also ein weitverbreitetes Gefühl, das der Präsident des Dresdner Kirchentags von 1919 in seiner Eröffnungsrede in Worte faßte, als er ausrief: »Die Herrlichkeit des deutschen Kaiserreiches, der Traum unserer Väter, der Stolz jedes Deutschen ist dahin [30].« Die Neutralität der Republik gegenüber, die offiziell die führenden Organe des deutschen Protestantismus bekundeten, war häufig nur scheinbar: unter dem Schutz dieser Neutralität galten die Sympathien der evangelischen Pastoren und der Mehrheit ihrer Gemeindemitglieder jenen Tendenzen, die auf die Wiedererrichtung einer starken Autorität und auf die Erneuerung des extremsten Nationalismus abzielten. Für einen so einflußreichen Mann wie Hans Zehrer, den damaligen Herausgeber der *Tat*, waren nationale Erneuerung und Erneuerung des Protestantismus ein und dasselbe [31].

Der »Fall Dehn« zeigte, wie Max Geiger vermerkt, deutlich das Klima, das während dieser Jahre im deutschen Protestantismus herrschte.

Der Berliner Pfarrer Günther Dehn, der 1928 in Magdeburg über das Thema »Kirche und Völkerversöhnung« sprach, betonte die Notwendigkeit, den Krieg zu entmythologisieren und ihm seine romantisch-idealistische Aureole zu nehmen; der Tod für das Vaterland könne nicht mit der

Aufopferung des Lebens für Christus gleichgesetzt werden; und schließlich fragte sich Dehn, ob es sich überhaupt mit dem Auftrag der Kirche vereinbaren lasse, in den Gotteshäusern Ehrenmäler zu errichten, die die Namen der im Kampf gefallenen Deutschen trügen. Das Zetergeschrei, das diese Äußerungen des Pastors hervorriefen, war ungeheuer: Man denunzierte ihn bei den ihm vorgesetzten kirchlichen Behörden, es folgte ein heftiger Pressefeldzug; man verweigerte ihm einen Lehrstuhl in Heidelberg, und viele Jahre später begleiteten noch gewaltsame Zwischenfälle seine Berufung auf einen Lehrstuhl in Halle [32].

Mit dem Autoritätskult und dem überspitzten Nationalismus sehr vieler deutscher protestantischer Geistlicher verband sich ein mehr oder weniger offener Antisemitismus, der die Geister ebenfalls empfänglich für den Nationalsozialismus machte: Eine gewisse Art, die Bibel auszulegen, lag ihm zweifellos zugrunde, und der Antisemitismus eines Stoecker beispielsweise war auf dem Boden der strengsten protestantischen Rechtgläubigkeit gewachsen [33]. Und gerade der Nationalismus der deutschen Protestanten zur Zeit der Republik sowie verschiedene Aspekte der Lutherschen Lehre, die in dieser Epoche besonders hervorgehoben wurden, bildeten die geistige Grundlage für eine von ihnen ganz unabhängige Emotion. Gewiß befanden sich nicht alle deutschen Protestanten in dem gleichen Geisteszustand wie Pastor F. Andersen, der ausrief: »Wer vom Juden ißt, der stirbt daran!« [34] Aber wie viele mochten es sein, die sich offen von den Formulierungen des Rundschreibens distanzierten, das D. Dr. Otto Dibelius, Generalsuperintendent der Kurmark, am 3. April 1928 an die Pastoren seines Sprengels versandte? »Trotz der Geschmacklosigkeit, die dieser Ausdruck enthält«, schrieb er, »habe ich mich stets als Antisemit gefühlt. Man kann nicht leugnen, daß in allen

Zersetzungserscheinungen der modernen Zivilisation das Judentum stets eine führende Rolle spielt [35].«

Schließlich wurde die seelische Empfänglichkeit des deutschen Protestantismus für den Nationalsozialismus noch durch seine strukturelle Schwäche verstärkt. Die Protestanten in Deutschland besaßen nichts von einer monolithischen Organisation: Es waren vierzig Millionen, von denen etwa 150 000 »Freikirchen« – Baptisten, Methodisten usw. – angehörten; der Rest teilte sich auf achtundzwanzig Kirchen auf, von denen einige lutherisch, andere kalvinistisch waren *. Diese Spaltung und die ständigen inneren Querelen, die sich im deutschen Protestantismus abspielten, machten ihn zu einer um so leichteren Beute der nationalsozialistischen Propaganda: Ohne eine führende zentrale Autorität war der deutsche Protestant sehr viel verwundbarer als der Katholik im Reich. Es kann unter diesen Umständen nicht wundernehmen, daß zahlreiche evangelische Geistliche die Regierungsübernahme durch die Nationalsozialisten mit Freude begrüßten.

»Eine mächtige nationale Bewegung hat unser deutsches Volk ergriffen und emporgehoben«, behauptet eine Erklärung der evangelischen Kirche am 28. April 1933. »Eine umfassende Neugestaltung des Reiches in der erwachten deutschen Nation schafft sich Raum. Zu dieser Wende der Geschichte sprechen wir ein dankbares Ja. Gott hat sie uns geschenkt ... [36].«

Für Martin Niemöller wurde der 1. Mai, den die Nationalsozialisten zum Tag der nationalen Gemeinschaft erklärt hatten, »ein freudenreicher Tag, ein Tag, der Hoffnungen erweckte [37]«, und Generalsuperintendent Dibelius be-

* Die Aufteilung war: 13 lutherische, 2 kalvinistische (reformierte) Landeskirchen; die übrigen waren eine mehr oder minder enge Union eingegangen (A. d. Ü.).

grüßte den Wahlsieg der Nationalsozialisten im März 1933 mit der Behauptung: »Es werden unter uns nur wenige sein, die sich dieser Wendung nicht von Herzen freuen [38].«

Im Rahmen des deutschen Protestantismus spielten die evangelischen Jugendverbände, denen Kurt Gerstein in diesen Jahren angehörte, eine besondere Rolle.

Seit 1925 war Gerstein Mitglied der Deutschen Christlichen Studentenbewegung (DCSV); von 1928 an arbeitete er aktiv im Christlichen Verein Junger Männer (CVJM) und vor allem im Bund Deutscher Bibelkreise (BK). Er leitete Bibelkreise in Aachen, Berlin-Charlottenburg und vor allem in Hagen; er wurde zu einer der prägenden Persönlichkeiten im BK bis zu dessen Auflösung im Jahr 1934. Sein Einfluß auf die Jungen war erheblich. Die von ihm Geführten sprachen geradezu von einem Charisma.

»Wo er war, da war auch die Jugend«, schreibt Helmut Franz, »und umringte ihn, weil er sie mit einer unglaublichen und in der Erzählung kaum darzustellenden Faszination an sich zog. Ja, man kann und muß ... sagen, daß diese Faszination geradezu eine Gefahr war [39].«

Mit den Jungen sprach Gerstein über ihre Probleme, trieb Sport oder machte lange Wanderungen mit ihnen. Häufig verbrachte er einen Teil seiner Ferien in ihrer Gesellschaft.

Durch seine Tätigkeit in diesen Jugendverbänden mußte Gerstein unausweichlich unter den Einfluß der Atmosphäre geraten, die sich in den letzten Jahren der Republik entwickelte.

Vielleicht mehr noch als im Protestantismus in seiner Gesamtheit fand sich in diesen Jugendgruppen die Ablehnung des »Materialismus« der Umgebung, ein Streben nach der Wiedergeburt einer »echten« nationalen Gemeinschaft, befreit vom Parteiengezänk des demokratischen Systems und geführt von einem erlösenden Führer: »Der junge Christ gehört in die erste Frontlinie bei dem gegenwärtigen Kampf um die Erneuerung des Volkes«, lautete das Schlagwort, das die Bestrebungen dieser Jugend aussprach[40].

Die Sätze, die die Zeitschrift *Führerhilfe* Anfang 1933 veröffentlichte, waren nur eine von zahllosen Variationen über das gleiche Thema und wurden von der Mehrheit der Mitglieder in der evangelischen Jugendbewegung angenommen:

»Es bedurfte also bei uns keinerlei Umstellung, als die neue nationale Erhebung und Erneuerung das deutsche Vaterland überflutete und ... den marxistisch-materialistischen Geist fortfegte. Dazu können wir bedingungslos und freudig ja sagen ... Wir danken Gott für diese wunderbare Wendung in der deutschen Geschichte, die er durch den Reichskanzler Adolf Hitler und seine Partei herbeigeführt hat[41].«

Zwischen dem »König von Gottes Gnaden« und dem »charismatischen Führer« war die Brücke rasch geschlagen, schreibt Priepke. In beiden Fällen war es der Erwählte Gottes, dem die nationale Gemeinschaft folgen sollte. »Der König rief, und alle, alle kamen[42].«

Wahrscheinlich haben die Einflüsse der autoritären Erziehung, der nationalistischen Tradition und der Atmosphäre innerhalb des deutschen Protestantismus gemeinsam zu Kurt Gersteins Entschluß beigetragen, im Mai 1933 in die Nationalsozialistische Partei einzutreten. Gerstein selbst hat sich nicht über die Gründe zu diesem Entschluß geäußert. Das einzige Zeugnis, das wir zu dieser Frage besitzen, ist das von Pastor Rehling in Hagen, der Gerstein seit 1928 kannte. Rehling beschreibt eine Unterhaltung, die er mit Gerstein im Jahr 1932 führte. SA-Angehörige hatten in Potempa einen Arbeiter ermordet. Die Mörder wurden aufgrund der kurz vorher von der Regierung Papen-Schleicher erlassenen Notverordnung zum Tode verurteilt. Daraufhin telegrafierte Hitler dem Reichskanzler: »Herr von Papen! Ihre blutrünstige Objektivität kenne ich nicht!«

Das Gespräch findet am Tag darauf statt.

»Im Gespräch mit Gerstein habe ich damals erklärt, nun könne kein Christ mehr mit der NSDAP paktieren ... Weil wir vor Gott alle gleich seien, folge daraus mit Notwendigkeit die Gleichheit aller vor dem Gesetz. Wenn Hitler das blutrünstige Objektivität nenne, so würden allerschwerste Zusammenstöße zwischen der Kirche und der NSDAP unvermeidbar [für den Fall, daß Hitler Reichskanzler würde] ... ›Werdet Mitglieder unserer Partei! Denn wer politisch richtig liegt, kann einen totschlagen und wird dann freigesprochen.‹ Gerstein blieb erschrocken stehen. ›Da sehen Sie zu schwarz! Wie oft in der Weltgeschichte sind Gerichtsurteile unter politischen Gesichtspunkten gefällt! Und die Staaten sind nicht daran zugrunde gegangen! Vielleicht muß man sogar bei einer solchen Gefahr in die Partei hineingehen! Dort sind doch starke Kräfte! Wie wollen Sie denn anders helfen als von innen her? Ich glaube, daß der Augenblick kommen kann, in dem Sie raten müssen: Christen, hinein in die Partei!‹ Ich entgegnete: ›Das sagen Sie, weil Sie damit rechnen, daß Sie dann noch mitreden können. Bei einem Führerprinzip wird von oben her bestimmt, und dann heißt es nur noch: gehorchen! Wer sich in die rollende Lawine hineinbegibt, vergrößert nur die stürzende Masse.‹ Ich habe ihn nicht überzeugt, wohl aber sehr nachdenklich gemacht. Gerstein meinte trotz großer Bedenken 1933 in die Partei eintreten zu müssen[43].«

Und trotzdem trat Kurt Gerstein im Oktober 1933 auch noch in die SA ein.

Ein Christ zu Beginn des Naziregimes

»Seit Juni 1933 von der Gestapo verfolgt wegen christlicher Betätigung gegen den Nazi-Staat«, schreibt Gerstein in seinem französischen Bericht. »Am 2. Mai 1933 Eintritt in die NSDAP. Am 2. Oktober 1936 Ausschluß aus der NSDAP wegen Betätigung gegen Partei und Staat. Am 30. Januar 1935 öffentlicher Protest im Stadttheater Hagen/Westfalen gegen das antichristliche Drama ›Wittekind‹. Von den Nazis verprügelt und verletzt... 27. September 1936 Verhaftung durch die Gestapo wegen ›staatsfeindlicher Betätigung‹, weil ich 8 500 antinazistische Broschüren an hohe Staatsbeamte geschickt hatte [1].«

Diese lakonischen Zeilen lassen die intensive Tätigkeit kaum ahnen, die Kurt Gerstein in den drei Jahren vor seiner ersten Verhaftung entfaltete. Auf beruflicher Ebene folgten dem Vorbereitungsdienst in Köln und Dortmund zahlreiche Studienreisen innerhalb von Deutschland und ins Ausland. Im November 1935 bestand Gerstein in Berlin das Bergassessor-Examen mit Prädikat. Kaum ein Jahr später wurde seine Laufbahn jäh unterbrochen.

Tatsächlich erhielten die Tätigkeiten Gersteins in der protestantischen Jugendbewegung mit der Machtergreifung durch den Nationalsozialismus eine neue Bedeutung: Obwohl er Parteimitglied war, fand er sich auf religiöser Ebene zu keinerlei Konzessionen bereit. Er wurde eng in den Kampf hineingezogen, der sich mit Hitlers Regierungsantritt zwischen den nationalsozialistischen Führern und einer Richtung des deutschen Protestantismus entspann.

»Gestern war ich mit dem Reichswart* länger zusammen«, schrieb er am 1. Juli 1933 an einen Freund. »Wir sind hier in sehr großer Sorge, was werden wird ... *Gott* sitzt im Regimente und führet alles wohl. Dieses ganze schöne Lied des 30jährigen Krieges vermag einem in all dem Unerquicklichen und Allzumenschlichen dieser Tage die einzige und große Linie zu erhalten ... In diesem Geiste sind wir noch nie so geschlossen gewesen, wie in diesen Tagen. Wir haben uns auch noch nie mit solchem Ernst und solcher Sehnsucht um die Bibel zusammengefunden [2].«

Und einige Tage später:

»Man hat bei der Leitung der HJ (Baldur v. Schirach) die Absicht, uns 1. den Nachwuchs abzuschneiden und oder 2. uns innerhalb der nächsten 6 bis 8 Wochen so aufzureiben, daß wir nicht mehr können ...

In Köln war jetzt eine Massenversammlung der ›Deutschen Christen‹ ganz im Stil der politischen NSDAP-Versammlungen ... Zu alledem kann ich nur sagen, was in einer geradezu unglaublich mutigen Kampfschrift Prof. Barth schreibt (*›Theologische Existenz heute‹*). Ich schicke Dir ein Exemplar mit ... Wir sind um die Entwicklung in der Kirche im Innersten besorgt. Es kann so kommen, daß wir den andern die sichtbare Kirche überlassen müssen, damit sie darin ihr Trara, ihre ›Massenmission‹ machen können, und daß wir dann selbst die eigentliche, die unsichtbare Kirche bilden müssen [3].«

Von der Machtergreifung an waren die Nationalsozialisten entschlossen, die protestantischen Kirchen gleichzuschalten. Die »Deutschen Christen« waren dem neuen Regime völlig ergeben; die Mehrzahl der Protestanten folgte ihnen oder blieb unentschlossen, da sie unter dem Eindruck

* Der Leiter des Bundes der Bibelkreise auf Reichsebene.

des Nationalismus und der autoritären Einstellung des neuen Regimes stand. Nur eine Minderheit trat in Opposition. Um die Frage der Ernennung eines »Reichsbischofs«, die Hitler erzwingen wollte, brach der Kampf aus. Der Führer hatte dazu einen ehemaligen Geistlichen der Reichswehr, Ludwig Müller, ausersehen. Ihm setzte man Pastor von Bodelschwingh entgegen. In diesem Punkt vermochte sich der Widerstand allerdings nicht durchzusetzen: Allzu viele Geistliche waren bereit, sich der Gewalt zu beugen. Müller wurde ernannt. Doch im wesentlichen hatte der Kampf gerade erst begonnen.

Im Juli 1933 fanden Kirchenwahlen statt: Die »Deutschen Christen« erhielten drei Viertel der Sitze. Sie versuchten, die Lehre des Protestantismus im nationalsozialistischen Sinn zu ändern, die Religion von jeder Spur des Judentums zu befreien, die arischen Grundlagen der Bibel »wiederzufinden« und den Führerkult in den Kirchen einzuführen.

»... eine evangelische Reichskirche, für die die Größe des nationalsozialistischen Staates ein Glaubensartikel sei. Sie ist die Kirche der deutschen Christen, das heißt der Christen arischer Rasse ...

Wir stehen auf der Grundlage des positiven Christentums. Wir bekennen einen positiven Glauben an Christus, der dem deutschen Geiste Luthers und einer heldenhaften Frömmigkeit entspricht [4].«

Anläßlich einer großen Versammlung im Berliner Sportpalast im November 1933 erklärten die Deutschen Christen dem Alten Testament mit »seinen Viehhändler- und Zuhältergeschichten« den Krieg; sie wünschten eine Lehre von Jesus, »die völlig den Erfordernissen des Nationalsozialismus« entsprach [5].

Die Gegner scharten sich um Pastor Niemöller; sie wurden inspiriert von den Schriften Karl Barths, vor allem von jenem Werk *Theologische Existenz heute*, das Kurt Gerstein erwähnt hatte. »... da ist alles Rufen nach dem Führer so vergeblich wie das Schreien der Baalspfaffen: ›Baal, erhöre uns!‹« sagte Karl Barth dort[6]. Von Ende 1933 an ging es um einen offenen Kampf zwischen den »Deutschen Christen«, die vom Staatsapparat gestützt wurden, und den Opponenten, »der Bekennenden Kirche«.

Eins der ersten Ziele des Regimes auf dem Gebiet des religiösen Kampfes war die Kontrolle über die protestantischen Jugendverbände. Diese Gefahr beschwor Gerstein in seinen Briefen im Juli 1933.

Seit dem Frühling desselben Jahres waren Verhandlungen zwischen den evangelischen Jugendverbänden und der Hitlerjugend im Gange, die zu einer Verschmelzung der beiden Gruppen führen sollten[7]. Innerhalb der evangelischen Jugend selbst strebten die verschiedenen Richtungen danach, sich zu vereinigen, um dem äußeren Druck besser begegnen zu können, doch auch, um sich den »neuen Zeiten« anzupassen. Diese Zwiespältigkeit wurde zu einer der Konstanten in der Einstellung der protestantischen Jugend im Hinblick auf die Forderungen des Nationalsozialismus: Sie trug zu ihrem Verderben bei.

Am 8. Juli 1933 wurde der Posten des Reichsjugendführers geschaffen, und die Führungsinstanzen der verschiedenen Jugendbewegungen auf Reichsebene wurden aufgelöst. Damit war ein bedeutender Schritt zur Integrierung all dieser Gruppen in die Hitlerjugend getan. Die entscheidende Phase des Kampfes begann im Herbst. Das war übrigens die Zeit, in der mit dem Inkrafttreten des Konkordats zwischen dem Heiligen Stuhl und dem Dritten Reich auch der deutsche Katholizismus die Auswirkungen des gleichen Drucks zu spüren begann.

Anfang Oktober kündigte Reichsjugendführer Baldur von Schirach die Auflösung sämtlicher unabhängiger Verbände an. Seine Entscheidung wurde erst im November veröffentlicht, aber der Druck nahm bereits zu, und die Partei hatte nun einen Verbündeten, dessen Rolle immer entscheidender wurde: Reichsbischof Müller. Die Leiter der protestantischen Jugendverbände beschlossen, sich der Jurisdiktion dieses von der Partei eingesetzten Bischofs zu unterstellen, weil sie hofften, dadurch eher Widerstand leisten zu können. Vergebens. Anfang Dezember erfuhr man, daß Müller sich dazu hergab, die Übernahme in die HJ zu unterzeichnen. Ein Proteststurm verzögerte die Entscheidung um einige Tage. Am 19. Dezember meldete der Reichsbischof dem Führer den »spontanen« Übertritt der protestantischen Jugendverbände mit ihren 800 000 Mitgliedern zur Hitlerjugend.

Kurt Gerstein reagierte gemeinsam mit einigen andern örtlichen Führern scharf darauf. Am 21. Dezember sandte er zwei Telegramme ab, für die er die alleinige Verantwortung übernahm. Das erste war an Baldur von Schirach gerichtet:

»Zerschlagung Evangelischen Jugendwerkes bedeutet praktisch Unterhöhlung, ja Vernichtung des deutschen Protestantismus. Ihr wißt nicht und könnt nicht wissen, was das für deutsches Volk und deutschen Osten bedeutet. Wir wissen es und warnen nochmals dringend. Im Innersten Hitlerjugend wohlgesonnen, aber in stärkster Bestürzung. Heil Hitler. Reineke, vom Bruch, Gerstein, Diplom-Ingenieur, Gemeindeverordneter[8].«

Das zweite an Reichsbischof Müller:

»Westrundfunk meldet: Preisgabe Evangelischen Jugendwerkes durch Reichsbischof. Abgesehen von mangelnder Vertretungsbefugnis kam Dolchstoß gerade von da unerwartet. Kirche stirbt von Bischofs Hand. In Scham und Trauer über solche Kirche Christi. Gerstein, Diplom-Ingenieur, Gemeindekirchenrat Hagen, Westfalen [9].«

In ihren Verhandlungen mit der Hitlerjugend und Bischof Müller hatten die evangelischen Jugendführer Naivität und Schwäche an den Tag gelegt. Ihre formale Gleichschaltung war für das Regime verhältnismäßig leicht. Nun war es zu spät, etwas gegen die unterzeichnete Abmachung zu unternehmen; es blieb jedoch die Möglichkeit, gegen die praktische Verwirklichung zu kämpfen. Man beschloß – vor allem in den Bibelkreisen –, die Organisation aufzulösen, um auf diese Weise demütigenden Übernahmezeremonien zu entgehen, die Arbeit aber auf »privater« Basis fortzusetzen.

Am Tag der Auflösung der Bibelkreise, dem 8. Februar 1934, hielt Kurt Gerstein vor der Gruppe Hagen, deren Obmann er war, eine Rede. Seine Ansprache war ein bemerkenswertes Beispiel der zwiespältigen Einstellung dem Regime gegenüber:

»Kameraden!

Auf Grund des Versailler ›Vertrages‹ sollte die deutsche Flotte dem Feinde ausgeliefert werden. In schleppender, trauriger Fahrt fuhren die stolzen Schiffe, die mit beispiellosen Ehren die deutsche Flagge über alle Meere getragen hatten, die am Skagerrak, an den Falklandinseln, im Mittelmeer und überall sich ruhmreich geschlagen hatten, der englischen Küste zu. Dort stand die englische Admiralität, um die Beute in Empfang zu nehmen, wie man einen Waggon Kohlen abnimmt oder Heringe oder sonst etwas. Und da geschah etwas ganz Großes und Einzigartiges: Noch einmal leuchtete am Heck die deutsche Reichskriegsflagge auf, noch einmal klang es dem Feind entgegen: Deutschland, Deutschland über alles, über alles in der Welt! Und dann –

versank das alles in die Tiefe des Meeres, unbesiegt! Der Feind tobte ob solcher Perfidie. Deutschland in seiner grenzenlosen Armut mußte Tonne für Tonne dieses Schiffsraums mit gutem Golde bezahlen. Was da geschehen ist, war ›unzweckmäßig‹. Krämerseelen haben darob gezetert. Aber die englischen Offiziere haben ihren deutschen Kameraden später ihre Hochachtung ausgesprochen und ihnen gesagt, daß sie wie ein Hundsfott gehandelt hätten, wenn sie es anders gemacht hätten.

Der Bund Deutscher Bibelkreise hat bis zu dieser Stunde eine blitzsaubere, stolze und unbefleckte Fahne gehabt. Wir haben sie getragen für unsern Herrn Jesus Christus, wir haben sie getragen für Deutschland!...

Die Hitlerjugend hat uns vor Monaten offen und ehrlich den Kampf angesagt... *Sie haben uns nicht besiegt!* Wir haben diesen Kampf... ungeschwächt und in geschlossener Einheit überdauert... Schwierig war unsere Gegenwehr besonders deswegen, weil irgendwie der Name unseres Führers Adolf Hitler hineinspielte, zu dem wir mit leidenschaftlicher Dankbarkeit aufschauen und dessen Staat wir restlos bejahen... Wir geben unsern Kampf auf, nachdem die Obrigkeit des totalen Staates uns hat wissen lassen, daß wir zu kommen hätten.
Nach dem Willen des Herrn Reichsbischofs sollte durch eine schöne Geste – die Fahnen der Hitlerjugend sollten sich vor unsern Fahnen neigen – der feierliche Akt der Eingliederung mit doppelter Mitgliedschaft abgeschlossen werden. Wir wollen *ehrlich* bleiben und der Hitlerjugend und uns dies Schauspiel ersparen. Wir sind ganz einig mit der Auffassung des Reichsjugendführers: Die Fahne ist mehr als der Tod!... Wir wählen nicht Versailles, sondern Scapa Flow!«[10]

Alle Widersprüche in der Persönlichkeit Gersteins zu

jener Zeit sind darin enthalten! Entschiedene Verteidigung der religiösen Vorstellungen und der Ehre der konfessionellen Jugendverbände, aber Schwäche dem Nationalsozialismus gegenüber, dessen Wortschatz und Klischees übernommen werden; vor allem Anerkennung der bestehenden politischen Ordnung, ihrer autoritären Natur und ihres hochgepeitschten Nationalismus. Das war eine schwere Tradition, die endgültig den Widerstandswillen einer sehr großen Zahl junger deutscher Christen brach. Gewisse politische Ereignisse während des Sommers 1934 rückten diese Konflikte noch besonders ins Licht:

Am 25. Juli 1934 ermordeten österreichische Nationalsozialisten den Bundeskanzler Dollfuß, weil sie hofften, dadurch den Anschluß Österreichs an das Reich durchsetzen zu können. Der Putsch mißlang. Gerstein kommentierte Anfang August 1934 in einem Brief an seine jungen Kameraden gewisse »Pläne« und erwähnte in diesem Zusammenhang die Ermordung des österreichischen Kanzlers:

»Ihr schreibt da einiges, was nicht ganz verständlich ist. Ich für meine Person halte auch auf weitere Sicht die alldeutschen Pläne einer ›Rückgliederung‹ der Schweiz nach Deutschland mit der Mehrheit unseres Volkes für aussichtslos und gänzlich indiskutabel. Wir sollten uns freuen und damit begnügen, daß sie zu einem großen deutschen Kulturverband gehören wie Holland und in gewisser Weise Flandern. Es ist ein himmelweiter Unterschied zwischen einer solchen Zugehörigkeit und einer politischen. Hat doch der Führer sogar feierlich auf das Elsaß verzichtet...

Die Tat an Dollfuß ist und bleibt Mord, und zwar eine in ihren Einzelheiten abscheuliche Mordtat. Wir wollen weder mit der Tat noch mit den Methoden der Täter das geringste zu tun haben...

Die Geschichte wird uns hoffentlich bald zusammenführen. Niemals werden wir aber zusammenkommen, wenn eine solche Volksgemeinschaft mit einer fortlaufenden Kette von Verbrechen erzwungen werden soll [11].«

Am 2. August 1934 starb Reichspräsident Hindenburg. Im Ausland wurde der Mann, der Hitler zum Reichskanzler berufen hatte, nicht einmütig bewundert. Die Schweizer Presse hatte zweifellos besonders scharfe Bemerkungen veröffentlicht.

»Hindenburgs Tod ist ein nationales Unglück«, schreibt Gerstein am 7. August. »Sagt Euren Schweizer Kameraden, daß der Feind ohne Ausnahme mit vorbildlicher Ritterlichkeit sich vor diesem verehrungswürdigen Greis voller Pflichttreue und Tatkraft tief verneigt hat und daß es ihnen als ›Neutralen‹ vorbehalten geblieben sei, an einem offenen Grabe zu spotten. Das ist roh und unchristlich gegenüber einem Manne, der uns auch vor allem als treuer, gläubiger evangelischer Christ und als Ehrenmann von seltener Ritterlichkeit und Loyalität vorbildlich ist [12].«

Doch gleichzeitig konnte Gerstein nicht vergessen, daß das Regime, dessen nationalistische Forderungen er zum Teil anerkannte, entschlossen war, die Autonomie der konfessionellen Organisationen zu zerschlagen und damit schließlich vielleicht den christlichen Glauben selbst zu vernichten:

»Das Empörende an der Sache ist der ›Beschiß‹ in Raten und die Tatsache, daß man sich eben auf nichts mehr mit Sicherheit verlassen kann, wenn es auch noch so feierlich zugesagt wird«, schrieb er am 18. März 1934 an einen Freund. »... In mir wächst, im Gegensatz zu mancher früheren Feigheit, Schüchternheit und Zurückhaltung mehr und mehr der Mut, jedermann ein ganz klares Zeugnis abzulegen: Jesus Christus *der* Herr! Das zu bezeugen wird mir ein immer mehr unausweichbares Muß... Die Umstände sind uns ungünstig... Vielleicht ist uns manche Freude, mancher Genuß genommen und menschlich Feines und Schönes zerstört. *Arbeit* gibt's genug. Wir wollen sie leisten [13].«

Während eben dieser Monate des Jahres 1934 wurde der Widerstand der »Bekennenden Kirche« innerhalb des deutschen Protestantismus gegen das Regime offener. Gewiß, die Begegnung zwischen den Würdenträgern der evangelischen Kirche – die gekommen waren, um den Rücktritt des Reichsbischofs Müller zu fordern – und Hitler am 25. Januar 1934 endete mit einem demütigenden Rückzug der religiösen Führer. Doch fünf Monate später, nach der Barmer Synode, verstärkte sich der Widerstand. Die Barmer Erklärung dieser Bekenntnissynode wurde zur Charta der Bekennenden Kirche.

In den Jugendgruppen lief die Arbeit der geistigen Erneuerung ebenfalls an, ob auch Zwischenfälle und Denunzierungen immer schneller aufeinander folgten. Einen Eindruck von dieser Atmosphäre erhält man aus einer »Meldung«, die ein Mitglied der Hitlerjugend, August Hoppe, an seinen Bannführer Kurt Thomas über eine Bibelstunde erstattete, in der Gerstein das Referat hielt:

»Am 4. ds. erzählte mir ein ehemaliger Angehöriger des evangelischen Eichenkreuzes, die BKs kämen jeden Montag... zusammen, um unter dem Decknamen einer ›Bibelstunde‹ ihren Interessen weiter zu dienen. Mit zwei Jgg. aus Gevelsberg ging ich in das evang. Vereinshaus, um mir die besagte ›Bibelstunde‹ einmal näher anzusehen... Das Referat des Abends hielt der sattsam bekannte K. Gerstein aus Hagen über ›Die Stellung des evangelischen Jungmannes im heutigen Staat‹. (Wo bleibt da die ›Bibelstunde‹?) Was sich dieser Jüngling an Aussprüchen leistete, grenzt schon an Frechheit. Nicht nur, daß Maßnahmen der Regierung zur Befriedigung der kirchlichen Verhältnisse bekrittelt wurden, daß Führer wie Rosenberg und Schirach als unchristlich verschrien wurden, die man folglich ablehnen müsse, der Jg. Gerstein steigerte seine Frechheit, indem er den anwesenden HJ-Anwärtern Anweisung gab, aus der HJ wieder in kirchliche Organisationen zu kommen und auch die noch gebliebenen zum Austritt zu bewegen. Sodann machte er seinem Ärger über die ›trüben Aussichten‹ Luft, indem er sich in wüsten Beschimpfungen über das ›Neuheidentum‹ erging [14].«

Doch zu dem Zwischenfall, der schon so häufig wiedergegeben worden ist und auf den Gerstein in seinem Bericht anspielt, sollte es Anfang 1935 in Hagen kommen.

In dieser Stadt veranstaltete die Hitlerjugend die Aufführung eines Theaterstücks von ausgesprochen antichristlicher Tendenz, »Wittekind« von Edmund Kiß.

Am 4. Februar 1935 schreibt die *Hagener Zeitung*:

»Amtlicher Bericht der Hagener Polizeiverwaltung.

Während die Uraufführung am Donnerstag, 24. 1. 1935, einen völlig ungestörten Verlauf nahm, wurde in der Aufführung am 30. 1. 1935 ein Störungsversuch unternommen ... der 3. Rang war fast ausschließlich von jungen Leuten im Alter von 16 bis 25 Jahren besetzt ... Wie sich später herausstellte, gehörten diese der katholischen Kirche an. Diese jungen Leute haben nun durch Trampeln auf den Fußboden und Zwischenrufe die Aufführung gestört, so daß das Spiel einmal unterbrochen und der Vorhang herabgelassen wurde. Da es zu Tätlichkeiten kam, mußte die Polizei eingreifen. Es sind etwa 30 Personen mit mehr oder weniger Gewalt aus dem Theater entfernt worden ... Auch die dritte Vorstellung am Mittwoch, dem 30. 1. 1935, wurde, trotz der Warnung des Herrn Oberbürgermeisters ... durch einen Zwischenrufer gestört.«

Dieser Zwischenrufer war Kurt Gerstein. Geschmückt mit dem Parteiabzeichen, saß er im ersten Rang, rechts und links flankiert von Parteigenossen in Uniform. Als ein Schauspieler ausrief: »Wir wollen keinen Erlöser haben, der jammert und schreit!« sprang Gerstein auf und schrie: »Das ist unerhört! Wir lassen unseren Glauben nicht unwidersprochen öffentlich verhöhnen.« Er wurde gewaltsam aus dem Theater entfernt. »Sein Gesicht war von Platzwunden entstellt, ein Auge war verletzt, einige Backenzähne waren ausgeschlagen [15].«

1935: Das Jahr der Nürnberger Gesetze. Die Juden waren von nun an von der übrigen deutschen Gesellschaft getrennt; jeder Verkehr mit ihnen wurde vom Gesetz als Beschmutzung definiert. Wie reagierten darauf die christlichen Eliten des Reiches? Welches war vor allem die Einstellung der Bekennenden Kirche?

Die Christen, die die Juden verteidigten, als mit Hitlers Machtergreifung die antisemitischen Exzesse der Nationalsozialisten eine organisierte und offizielle Form annahmen, waren Ausnahmeerscheinungen. Die antijüdische Tradition des deutschen Protestantismus trug ihre Früchte. Lediglich Männer wie Bonhoeffer, Vogel und der Schweizer Karl Barth versuchten für die Juden zu kämpfen. Die große Mehrheit jener, die sonst den Widerstandsflügel des Protestantismus bildeten, auf dem Gebiet der Lehre und des Kultus das biblische Erbe verteidigten und für die konvertierten Juden Partei ergriffen, blieb bestenfalls völlig passiv und weigerte sich, das Problem in Angriff zu nehmen [16]. Dietrich Bonhoeffer forderte als einziger die Bekennende Kirche nicht nur dazu auf, den Opfern des Antisemitismus zu helfen, sondern auch das Rad aufzuhalten, das sie zermalmen mußte [17]. Gewiß gab es Gläubige, die von ihren

Seelsorgern eine Stellungnahme erwarteten, die zeigte, daß sie die fundamentalen christlichen Pflichten nicht vergaßen [18]. In diesem entscheidenden Punkt jedoch blieb die offizielle Einstellung der Bekenntniskreise sehr nachgiebig dem Regime gegenüber: Man verteidigte die zu Christen gewordenen Juden, aber man tat nichts, um die Exzesse gegen die nicht getauften Juden zu verhindern. Hatte nicht sogar Martin Niemöller 1933 in seinen *Sätzen zur Arierfrage in der Kirche* erklärt, daß die Deutschen »als Volk unter dem Einfluß des jüdischen Volkes schwer zu tragen« gehabt hätten und daß »ein hohes Maß von Selbstverleugnung« dazu gehöre, trotz allem die Anwesenheit von Nichtariern in der Kirche zu verteidigen? [19]

Generalsuperintendent Dibelius ermutigte offen die antisemitischen Maßnahmen des Regimes, indem er die Notwendigkeit betonte, jüdische Unternehmen zu boykottieren und die Juden aus der staatlichen Verwaltung, namentlich aus den Richterstellen, zu entfernen usw. [20].

Unter diesen Umständen ist es durchaus verständlich, daß die Reaktionen der Bekenntniskreise auf die Nürnberger Gesetze vereinzelt und zweideutig waren.

»So sehr man gewillt war, den Kampf gegen die Gleichschaltung der Kirche zu führen, so schreckte man doch davor zurück, in die eigentliche Domäne des Staates vorzustoßen«, schreibt Max Geiger. »...Dazu kam etwas Weiteres, das einer der Unerschrockensten, der württembergische Pfarrer Julius von Jan, mit folgenden Worten charakterisiert hat: ›Wir hatten alle Angst davor, die empfindlichste Stelle des damaligen Regimes zu berühren.‹ [21]«

Gersteins Einstellung zu den Juden scheint die der großen Mehrzahl der Mitglieder der Bekennenden Kirche gewesen zu sein. Wir werden sehen, daß er nicht zögerte, selbst gewisse antisemitische Schlagwörter des Regimes zu benutzen.

Dagegen bemühte er sich, konvertierten Juden Hilfe zu leisten, etwa dem jungen Theologiestudenten Ludwig Dewitz, der durch die Rassengesetze getroffen wurde.

»Ich weiß noch«, schreibt Dewitz, »wie glücklich ich war, daß ich trotz allem, was mir als Juden-Christ im Wege stand, nun doch mein Studium der Theologie Anfang 1935 in Angriff nehmen konnte. Abgesehen von den politischen Hindernissen dieser Zeit war es die finanzielle Frage, die mein Studium zum Problem machte, und es war durch die Hilfsbereitschaft von Kurt Gerstein, daß die Kosten des Studiums durch sein Eingreifen beglichen werden konnten. Zu einer Zeit, als so viele Kirchgänger dem Problem des christlichen Nicht-Ariers aus dem Wege gingen, ist es doppelt anzuerkennen, daß Kurt gerade in einem Falle wie dem meinen seine aufopfernde Aufmerksamkeit so tatkräftig unter Beweis stellte [22].«

Doch im wesentlichen galt die Tätigkeit Gersteins weiter den Jugendgruppen, für die er verantwortlich war. Von nun an waren Zwischenfälle mit der Hitlerjugend und der Gestapo geradezu an der Tagesordnung. Im Juni 1935 fand eine Durchsuchung des Ferienlagers, das Gerstein über Pfingsten veranstaltete, durch die Gestapo statt. Gersteins Reaktion ließ nicht auf sich warten, und die Festigkeit des Tons, den er anschlug, ist geradezu erstaunlich. Der Brief, den er am 9. Juni an die Gestapo in Dortmund richtete, schloß mit folgenden Zeilen:

»Schaffen Sie von der Geheimen Staatspolizei bitte Zustände und Verhältnisse – wenn Sie sich schon so ausführlich mit Jugendfragen beschäftigen –, in denen das oft vom Führer ausgesprochene auch der Jugend zustehende Recht der religiösen Betätigung und Überzeugung formal und sachlich geachtet wird. Wenn Sie das tun, kann und wird Friede und Einheit der Jugend über die nicht zu beseitigenden verschiedenen Bekenntnisse in dem großen Gedanken eines nationalsozialistischen Deutschland entstehen, nicht aber durch solche nur verbitternden Teilmaßnahmen. Heil Hitler ...[23].«

Gersteins Freunden erscheint seine intensive Tätigkeit in diesen Jahren als fieberhaft.

»So waren ... wir manchmal der Meinung, daß es ihm zu sehr an Ruhe und Systematik der Arbeit fehle«, schrieb Helmut Franz. »Er hetzte Tag und Nacht tausend Hunden nach, kannte keine Minute der Entspannung, empfand etwa jede künstlerische Betätigung, z. B. mit Musik, als vergeudete Zeit. Bei der Besichtigung irgendeines berühmten Bauwerkes blieb er einige Minuten aufmerksam davor stehen, sagte dann: ›So, nun wissen wir das!‹ und ging weiter. Als er einmal eine Tasche mit einem größeren Geldbetrag verloren hatte, sagte er, er habe sich fünf Minuten lang darüber gewaltig geärgert, sich aber dann jeden weiteren Gedanken daran verboten, weil er einfach keine Zeit habe, solchen Dingen nachzuhängen. Inzwischen war er schon getrieben von irgendeiner neuen Aufgabe. Essen und Trinken waren für ihn nur lästige Unterbrechungen, denen man sich aus Zweckmäßigkeitsgründen unterziehen muß ...

Das Einzige, womit er sich stundenlang ... aufhalten konnte, das war – Witzemachen, und zwar nicht einfach irgendwo gehörte Witzgeschichten weitererzählen, sondern bei jeder sich bietenden Gelegenheit ad hoc alles und jedes bewitzeln und witzige Situationen schaffen. Die Ironie und die Persiflage waren sein großes Feld[24].«

Ganz offensichtlich erfolgte auch die Untersuchung, die zu Gersteins erster Verhaftung am 26. September 1936 führte, aufgrund einer solchen Witzelei. Seit Mai befand sich Gerstein in Saarbrücken, wo er die erste Hauptversammlung der deutschen Bergleute vorbereitete.

Die Verwirrung

Am 8. Oktober 1936 schreibt Kommissar Müller von der Geheimen Staatspolizei Saarbrücken an die Gauleitung der Nationalsozialistischen Partei:

»Der Bergingenieur Kurt Gerstein wurde am 24. 9. 1936 festgenommen. Der Grund für seine Festnahme ist folgender:

Am 1. Mai 1936 wurde Gerstein durch den Oberberghauptmann Schlattmann-Berlin mit der technischen Durchführung der vom 24.–27. September 1936 in Saarbrücken und Trier stattfindenden 1. Hauptversammlung des ›Vereins Deutscher Bergleute‹ beauftragt... Beim Versand der Einladungen an die Teilnehmer der Hauptversammlung fügte der Angeschuldigte jedem Schreiben in einem besonderen Umschlag mit dem Aufdruck Reiseerleichterungen je zwei gedruckte Plakatzettel mit folgenden Texten bei:

1. ›Abteil für Reisende mit tollwütigen Hunden‹,
2. ›Abteil für Reisende mit ansteckenden Krankheiten.‹ *

Eine gleichzeitig von der Staatspolizei vorgenommene Durchsuchung seiner Saarbrücker Wohnung förderte neben dem Restbestand der vorerwähnten Plakatzettel mehr als 1 000 versandfertige Briefe an höhere Ministerial- und Justizbeamte zutage. Diese Briefe enthielten verbotene Druckschriften der evangelischen Bekenntniskirche... **

* Scherze dieser Art verstießen gegen das »Heimtückegesetz« vom 20. Dezember 1934 (A. d. Ü.).

** Es handelte sich um folgende vier Broschüren: *Entchristlichung der*

Neben den mehr als 1 000 bereits versandfertigen Briefen mit den genannten staatsfeindlichen Druckschriften wurden in der Wohnung des Angeschuldigten noch rund 7 000 fertig adressierte Briefumschläge aufgefunden und sichergestellt.

Der Angeschuldigte ist im übrigen geständig, im Verlaufe des Monats Juli 1936 die Massenverbreitung der vorbezeichneten verbotenen staatsfeindlichen Druckschriften der Bekenntniskirche an höhere Justizbeamte vorbereitet und auch in größerem Umfange... durchgeführt zu haben... Als Sohn eines Richters – sein Vater ist Landgerichtspräsident a. D. – habe er in den letzten Jahren sehr oft Gelegenheit gehabt, mit höheren Justizbeamten über kirchenpolitische Probleme und Ereignisse zu sprechen. In den meisten Fällen habe er den Eindruck gewonnen, daß der deutsche Richterstand über die tatsächlichen Ziele und die tatsächliche religiöse Tragweite des deutschen Kirchenkampfes nicht in dem Maße unterrichtet wäre, wie es seines Erachtens unbedingt erforderlich sei [1].«

Die Lebensjahre Gersteins zwischen dieser ersten Verhaftung und seinem schicksalhaften Entschluß vom März 1941 waren die verwirrendsten in diesem Dasein voller Widersprüche. Die Schwankungen in seiner Einstellung zum nationalsozialistischen Regime sind schwer zu erklären: Kollaboration und Opposition wechselten miteinander ab und verstrickten sich ineinander. Zu den widerstreitenden Tendenzen, die man schon in den vergangenen Jahren erkennen mußte, trat nun noch ein weiteres Element: der ständige

Jugend; Ein Wort zur Kirchenlage; Predigt am 3. 5. 36 in der Gemarker Kirche zu Wuppertal-Barmen, gehalten von Pastor D. Humburg; Erklärung zum Protokoll der Gendarmeriestation Penzberg/Obb. zur Anzeige wegen Nichtbeflaggung der Kirchen am 1. 5. 36 (A. d. Ü.).

Druck der väterlichen Autorität, von der sich Kurt Gerstein, wie es scheint, noch immer nicht zu befreien vermochte.

In seinem Bericht aus dem Jahre 1945 erwähnte er sehr kurz die Ereignisse dieser Zeit:

»Im Gefängnis bis Ende Oktober 1936. Ausschluß aus dem Staatsdienst Dezember 1936 bis Anfang des Krieges. Medizinische Studien in Tübingen am Deutschen Institut für Ärztliche Mission. Etwa ein Drittel meines Einkommens von ungefähr 18 000 RM im Jahr pflegte ich seit 1931 für meine religiösen Ideale auszugeben. Insbesondere habe ich rund 230 000 religiöse und nazifeindliche Broschüren auf meine Kosten drucken lassen und durch die Post versandt.

Am 14. Juli 1938 erfolgte meine zweite Verhaftung und Einlieferung in das Konzentrationslager Welzheim wegen staatsfeindlicher Betätigung [2].«

Bereits am Tag nach der Verhaftung Gersteins in Saarbrücken wurden die führenden Kreise der Bekennenden Kirche alarmiert.

»Wie ich soeben erfahre«, schreibt Elfriede Bensch am 25. September 1936 an Martin Niemöller, »ist mein Verlobter, Kurt Gerstein, hier gestern früh von der Geh. Staatspolizei festgenommen worden. Ich nehme auch an, daß er sich noch hier in Saarbrücken befindet [3].« Alles wurde ins Werk gesetzt, um die rasche Freilassung dieses »außerordentlich tätigen Mannes« zu erwirken, »dem vor allen Dingen die BK-Arbeit eine Menge Unterstützung verdankt« [4]. Nach sechs Wochen war Gerstein frei, aber er verlor seine Staatsstellung als Bergassessor, und der Stellvertretende Gauleiter von Westfalen-Süd verfügte am 15. Oktober 1936 seinen Ausschluß aus der Partei aus folgenden Gründen:

»Im Sommer 1936 hat er (Gerstein) anonym an 380 höhere Justizbeamte je vier Broschüren der Bekenntniskirche versandt. Drei davon waren schon damals wegen ihres staatsfeindlichen Inhalts verboten, und auch die vierte enthält, wie der Angeschuldigte im Laufe des Verfahrens selbst zugeben mußte, herabsetzende Äußerungen über Maßnahmen von Partei und Staat. Der Angeschuldigte bestreitet diesen Sachverhalt nicht. Nach seiner glaubhaften Einlassung hat er aus religiöser Überzeugung gehandelt. Er will den staatsfeindlichen Inhalt der Schriften nicht erkannt haben [5].«

Trotzdem wurde der Ausschluß ausgesprochen. Und nun folgte eine Reihe von Schritten, die ein trübes Licht auf die Persönlichkeit Gersteins zu jener Zeit werfen. Seine Familie – vor allem der Vater – übte beträchtlichen Druck auf ihn aus. »Meine Familie zwingt mich hier quasi zur Unaufrichtigkeit«, schreibt Kurt am 22. Januar 1937 an seine Verlobte. Dennoch unterwarf er sich und betrieb aktiv seine Rehabilitierung:

»Meinen Einspruch gegen den durch einstweilige Verfügung erfolgten Ausschluß aus der NSDAP«, schreibt Gerstein an das Gaugericht Westfalen-Süd, »begründe ich wie folgt:

Zu den mir zur Last gelegten strafbaren Handlungen bin ich geführt worden durch die im Frühjahr 1936 auf dem Höhepunkt angelangte religiöse Auseinandersetzung im deutschen Volke. Ich habe in diesen Auseinandersetzungen gestanden als bewußter Christ unter Ausschaltung jeder besonderen dogmatischen Enge...

Noch während der Ausführung der mir zur Last gelegten Taten wurde ich durch ein Gespräch mit einem mir eng befreundeten Jungbannführer in vollem Ausmaß wieder in die nationalsozialistische Verantwortung zurückgeholt...

trachten. Ich betrachte diese Strafe wie jeder anständige Deutsche als eine Diffamierung. *Sie* habe ich nicht verdient [8].«

Ludwig Gerstein wie auch die älteren Brüder Kurts, alle überzeugte Nationalsozialisten, bedrängten den jüngeren, diese Schritte zu unternehmen. Dr. Johann Daniel Gerstein schreibt viel später:

»Fritz (ebenfalls ein Bruder Kurts) hat mir erklärt, daß er diesen Antrag seinerzeit verfaßt hat und daß er von Kurt auf Vaters Drängen unterschrieben worden sei, trotzdem der Antrag gegen seine innere Überzeugung ging. Er hat es aber seinerzeit Vater zuliebe gemacht [9].«

Solche Beweggründe mögen in einer so schwerwiegenden Gewissensangelegenheit als unzureichend erscheinen. Daß Kurt noch ganz und gar unter den Einwirkungen der väterlichen Autorität stand, ist gewiß; aber sind die antisemitischen Schlagwörter, die er benutzt, und der im allgemeinen exaltierte Ton seiner Loyalitätserklärungen wirklich nur leere Worte mit dem ausschließlichen Ziel, die Forderungen der Familie zu befriedigen? Es läßt sich nicht ausschließen, daß der Nationalsozialismus zu jener Zeit auf ihn wie auf die große Mehrzahl der Deutschen eine echte Anziehung ausübte. Wir haben die Ursprünge dieser Situation und den Einfluß wirksamer Traditionen bereits genannt. Gewiß, Gerstein litt wie viele andere deutsche Protestanten unter der wachsenden Unvereinbarkeit zwischen seinem aufrichtigen Glauben und einer loyalen Einstellung zum Regime. Dieses ständige Dilemma, dazu der Einfluß der Familie waren zweifellos die wesentlichen Ursachen für sein schwankendes Verhalten, für dieses Lavieren, das kaum erklärbar ist.

Da Kurt Gerstein keine Stellung mehr hatte, siedelte er nach Tübingen über, wo er zunächst theologische Studien begann. Er gab sie jedoch bald auf zugunsten des Medizinstudiums am Deutschen Institut für Ärztliche Mission. Im November 1935 hatte er sich mit der Pastorentochter Elfriede Bensch verlobt; er heiratete am 31. August 1937. Doch auf seinen Zukunftsplänen lastete nun völlige Ungewißheit. Das Medizinstudium zog ihn anscheinend nicht besonders an, und das Urteil der Partei gegen ihn nahm ihm die Möglichkeit, eine Stellung in einem Bergwerk oder in der Industrie zu finden. Anfang 1937 hatte Gerstein daran gedacht, seine Probleme dadurch zu lösen, daß er Deutschland verließ.

»Wie wird's mit England?« schreibt er im Januar 1937 an seine Verlobte. »War das nur so eine Trostpille? Es wäre mir *sehr* viel lieber, Du gingest dahin! Über mich kann ich Dir leider so gut wie gar nichts sagen ... Das ›Lernen‹ bekommt mir höchst mäßig, so daß ich heute jede einigermaßen vernünftige Stelle – sogar im Ausland – anzunehmen geneigt wäre ...

Heute war meine Verteidigungsschrift für das Parteigericht fällig. Meine Familie zwingt mich hier quasi zur Unaufrichtigkeit. Deswegen bin ich äußerst mieser Stimmung. Vielleicht sollte man in solcher Stimmung keine Briefe schreiben [10].«

Trotz seiner Schwierigkeiten nahm Gerstein seine religiöse Tätigkeit und vor allem die Verteilung von Broschüren wieder auf, die er verfaßt hatte. Er finanzierte dies mit einem bedeutenden Teil der Einkünfte aus seinem Anteil in dem Familienunternehmen De Limon Fluhme & Co. in Düsseldorf. Diese Broschüren waren im wesentlichen religiöser Natur: Die Kritik an den Maßnahmen des Regimes im Kampf gegen die Kirchen war sehr versteckt. In der

Reihe *Um Ehre und Reinheit,* deren erste Ausgabe im Jahr 1936 erschien, beschäftigte sich der Verfasser überwiegend mit den sittlichen Problemen der männlichen deutschen Jugend. *Was glauben wir denn nun wirklich?* und *Materialsammlung* enthielten kaum klarere Anspielungen auf die Politik des Regimes: In beiden Fällen sammelte Gerstein Zitate, die die Vereinbarkeit des christlichen Glaubens mit der nationalistischen Tradition sowie die Schwäche der Stellung der Deutschen Christen beweisen sollten. Die Reden, die er von neuem auf verschiedenen Jugendtreffen hielt, beschäftigten sich mit den gleichen Themen wie seine Schriften, und das Ganze blieb harmlos. Trotzdem wurde er am 14. Juli 1938 zum zweitenmal verhaftet.

Nach dem Schutzhaftbefehl vom 23. Juli 1938 »gefährdet er nach dem Ergebnis der staatspolizeilichen Feststellungen durch sein Verhalten den Bestand und die Sicherheit des Volkes und Staates, indem er sich staatsfeindlich betätigt«[11]. Der Grund für diese Festnahme, der sich in einem Schreiben des Oberstaatsanwalts beim Landgericht Stuttgart vom 2. September 1938 findet, ist überaus seltsam. Gerstein war mit sechs andern zusammen festgenommen worden. Man beschuldigte sie – monarchistischer Umtriebe:

»Der Verdacht, daß sich die Beschuldigten an den hochverräterischen Umtrieben... im Sinn der Vorbereitung einer Monarchie beteiligt haben, hat sich durch ihre bisherige Vernehmung bestätigt. So hat insbesondere die Vernehmung der Beschuldigten Gerstein und Mayer gegen alle Beschuldigten erhebliches belastendes Material ergeben. Es steht fest, daß sie alle in regem persönlichem und brieflichem Verkehr mit Wulle* gestanden haben, dessen

* Politiker der extremen, monarchistischen Rechten (A. d. V.).

Bestreben... dahin gerichtet war, mit zuverlässigen Personen eine Art Auffang-Organisation für den erwarteten Fall eines politischen Umsturzes zu bilden und die monarchische Staatsform vorzubereiten [12].«

Vom Untersuchungsgefängnis Stuttgart wurde Gerstein ins Konzentrationslager Welzheim gebracht, wo er sechseinhalb Wochen blieb, ehe er aus Mangel an Beweisen und, wie wir sehen werden, dank dem Wohlwollen eines Gestapobeamten freigelassen wurde. Diese zweite Internierung nahm Gerstein sehr mit. Er hatte anscheinend die Grenze seiner Kräfte erreicht. »Diese Zeit war für mich die schrecklichste in meinem ganzen Leben«, schreibt er einige Zeit danach. Mehrmals beschäftigte er sich mit dem Gedanken des Selbstmords. Zwei Briefe, die er an seine Frau richtete, zeigen, wie niedergeschlagen er bereits im Stuttgarter Gefängnis war, schon ehe er ins Lager Welzheim verlegt wurde. Am 25. Juli schrieb Gerstein:

»Du mußt heute morgen keinen sehr guten Eindruck von mir mitgenommen haben. Wahrscheinlich bist Du ziemlich bedeppert und traurig zurückgefahren, Du Arme!

Aber es gibt halt Stunden oder Minuten, in denen man beim besten Willen – selbst wenn man sich zwänge – nicht mehr verkaufen kann. So heute morgen, wo Du das tiefste Stimmungstief seit meiner Verhaftung miterlebtest, ohne daß ich es hätte ändern oder – heucheln können. – Langsam, ganz langsam, bekrabbele ich mich wieder. Das ist gut, denn man hat doch manchmal eigenartige Gedanken in solchen Minuten.

Ich glaube, ich bin wieder über den Berg herüber stimmungsmäßig [13].«

Und am 29. Juli:

»Ich habe gemerkt, daß ich doch sehr ab und alle bin. Ich habe solche Tage noch nicht erlebt und war ihnen – ich muß es ehrlich gestehen – z. Z. seelisch nicht gewachsen. Dabei muß ich sagen, daß ich sowohl von der Gestapo als auch von der mich verwahrenden Polizei verhältnismäßig oder unverhältnismäßig *recht* gut behandelt werde. So unerträglich ist lediglich die völlige Ungewißheit über die Dauer der Sache. – Heute nachmittag war dann der Pfarrer da. Ich fürchte, ich habe ihn nicht allzugut behandelt[14].«

Ein Brief von Ludwig Gerstein gibt darüber ebenfalls Aufschluß:

»Trotz der guten Behandlung, der er sich zu erfreuen hatte, hat doch dieser neue Schlag einen körperlichen und seelischen Zusammenbruch zur Folge gehabt. Der behandelnde Arzt hat ein Herzleiden festgestellt, er hofft, daß es nervöser Natur ist[15].«

Wie Kurt mitteilte, war ihm einer der Gestapobeamten, der seinen Fall bearbeitete, günstig gesinnt. Zum Teil war es seiner Hilfe zu verdanken, daß Kurt bereits nach sechseinhalb Wochen freigelassen wurde. Dieser verständnisvolle Beamte hieß Ernst Zerrer; acht Jahre später schickte er dem bereits toten Gerstein eine sonderbare Bittschrift:

»Für meine so anständige Haltung und wohlwollende Behandlung jedem politischen Häftling gegenüber sitze ich bald siebzehn Monate hier (in einem Internierungslager der Alliierten). Erst jetzt gibt's Gelegenheit, mich der Spruchkammer gegenüber zu verteidigen. Da man meiner Behörde so viel Schlechtes nachsagt, bitte ich Sie höflichst, mir eine Bestätigung über mein Verhalten Ihnen gegenüber auszustellen. Mein ganzes Tun war seinerzeit darauf abgestimmt, Ihnen zu helfen und die Haftzeit so kurz als möglich zu machen[16].«

Doch kehren wir zum Jahr 1938 zurück. Als Gerstein das Lager Welzheim verließ, befand er sich in einer überaus heiklen Situation: Er war ohne Stellung, und die erheblichen Summen für seine religiöse Tätigkeit hatten seine Finanzen erschöpft.

»Hast Du inzwischen Wehr besuchen können«, schrieb Gerstein schon am 28. März 1938 an einen Freund, »und mit ihm einmal wegen der Finanzfrage verhandelt?... Ich bin in ernsthafte Schwierigkeiten gekommen. Eine große Anzahl Pfarrer macht sich – wenn auch wohl unbewußt – den Umstand zunutze, daß die Gestapo mir den größten Teil meiner Abrechnungen weggenommen hat und nicht wiedergeben will. Auf die erste Rechnung bezahlt ja ungefähr kein Mensch an mich, und weitere kann ich unter diesen Umständen nicht schicken. So muß ich mir den Betrag – zusammen weit mehr als 1 000 Mark – ans Bein binden, und zwar natürlich an mein privates.

Vor einigen Tagen erschien bei mir Dein Freund NN. Er braucht nötig 100,– RM, da XX ihn natürlich fallen lassen hat. Zu Ende April seien zwei Zahlungen an ihn mit zusammen 250,– RM zugesagt und fällig... Ich habe ihm – selbst in sehr dringender Not –, nachdem ich meine goldene Uhr versetzt habe, 50,– RM gegeben. Es schien mir, als habe er nichts zu essen. Kannst Du ihm die anderen 50,– RM geben? Es scheint mir ernsthaft zu sein, daß er die 250,– RM bekommt, ich glaube ihm das.

Mir geht's nicht sehr gut. Meine Frau hat drei Wochen – bis gestern – in der Klinik gelegen... Unter diesen Umständen schreibe ich so etwas geschäftsmäßig, weil's für mehr nicht langt [17].«

In seinem Brief an das Oberste Parteigericht vom 3. September faßte Ludwig Gerstein die Lage seines Sohnes beim Verlassen des Konzentrationslagers klar zusammen:

»Den Plan, Theologe zu werden, hat er schon im ersten Semester aufgegeben, weil er die Erkenntnis gewann, daß ihn dieser Beruf nicht befriedigen könne. Er wandte sich der Medizin zu, aber auch dieses langwierige Studium kann er nicht zu Ende führen, da ihm die Mittel fehlen, sich und seine Familie – er ist verheiratet – so lange zu ernähren. So lasten schwere Sorgen auf meinem Sohn, am schwersten ist die Ungewißheit zu ertragen, was aus ihm werden soll [18].«

Ende der dreißiger Jahre war die Situation der Bekennenden Kirche in ihrer Gesamtheit sehr heikel geworden. Die Verhaftungen wurden immer zahlreicher: Allein im Jahr 1937 waren es 804. Martin Niemöller befand sich in einem Konzentrationslager. Der offene Widerstand wurde immer schwieriger. Gerstein mußte bei dem geringsten Beweis seiner Feindseligkeit dem Regime gegenüber mit einer neuen Verhaftung rechnen, die diesmal endgültig sein würde.

»Ich habe Gerstein im Oktober 1938 auf einem italienischen Dampfer kennengelernt«, schreibt der Architekt Otto Völckers. »Er hatte eine Erholungsreise nach Rhodos gemacht. Er machte einen sehr zurückhaltenden Eindruck, so, als ob er schwere Erlebnisse hinter sich habe. Nach einigen Tagen erfuhr ich dann, er habe gerade eine Gefangenschaft im KZ hinter sich, da er aus der Partei ausgetreten und seitdem ständig überwacht und verfolgt worden sei. In Fiume erreichte ihn auch jetzt die Nachricht, daß in seinem Haus in Tübingen erneut Haussuchung stattgefunden habe; er überlegte, ob er überhaupt nach Deutschland zurückkehren oder lieber in die Schweiz fliehen sollte. Er entschied sich für die Rückkehr.

Ich hatte keinen Grund, an der Wahrheit seiner Angaben zu zweifeln; da ich ihn mehrmals lange Briefe schreiben sah, riet ich ihm halb scherzhaft, sich doch einmal Ruhe zu gönnen und nichts zu tun. Er antwortete, daß er Briefe wie diese in Deutschland nicht auf die Post geben könne; das würde ihm den Kopf kosten. Er war also offenbar scharfer und aktiver Parteigegner... was allein genügt hätte, ihn mir sympathisch zu machen [19].«

Unter den Briefen, die Gerstein auf dieser Schiffsreise schrieb, befand sich zweifellos auch der, den er an seinen Onkel und seinen Vetter Robert Pommer in den Vereinigten Staaten schrieb:

»Von einer für mich ungeheuer ernsten Lage möchte ich Euch Mitteilung machen. Wie Onkel Robert wissen wird, habe ich in den letzten drei Jahren verschiedene sehr üble Maßnahmen seitens der Geheimen Staatspolizei erleben müssen. Der Grund hierfür ist meine religiöse Überzeugung... Der Totalitätsanspruch des Nationalsozialismus will den Menschen in allem seinem Wesen nach Leib und Seele restlos erfassen und beherrschen. Man hält in Deutschland – trotz alles gegenteiligen Redens und Schreibens – nicht nur die evangelischen und katholischen oder überhaupt christlichen Religionen, sondern jede ernsthafte Bindung an Gott für höchst überflüssig und schädlich...

Wir haben von vornherein den Nationalsozialismus politisch weitestgehend bejaht und ›dem Kaiser gegeben, was des Kaisers ist‹. Aber wir haben – ohne Unterschied von katholisch und evangelisch – darauf hingewiesen, daß ein Volk – eine Jugend – ohne Gott eine gefährliche Sache ist.

Wir haben dankbar die Verdienste Hitlers für den Nachbarn* anerkannt – aber festgestellt, daß wir in religiöser Beziehung vom Nationalsozialismus seit 1933 in der tollsten Weise an der Nase herumgeführt werden und daß das praktische kulturelle Ziel nicht nur die Vernichtung der katholischen und evangelischen Kirche, sondern jedes ernsthaften Gottesglaubens in Deutschland überhaupt ist...

* Originaltext ungenau. Handelt es sich um ein Nachbarland (Österreich)? (Gersteins Schrift ist schwer lesbar; vermutlich heißt das Wort: »Nächsten«. A. d. Ü.)

Es handelt sich... darum: soll das deutsche Volk, die deutsche Jugend, weiter in irgendeiner ernst zu nehmenden Form etwas von Gott wissen und hören, oder soll sie nur an die Blutfahne, an Kult- und Weihestätten, Blut, Boden, Rassen glauben? Soll man in Deutschland wissen, daß Gerechtigkeit ein übergeordneter, höherer Begriff ist, dem Zugriff des Menschen entzogen, der in den ›Sternen hängt‹, wie Schiller sagt, und daß derjenige, der Recht spricht, dies in der Vollmacht und der Verantwortung vor dem Höchsten Richter tun muß. Oder ist ›Recht das, was dem Volke nützt‹, ist es eine einfache Zweckmäßigkeitssache, ist die Justitia eine Hure des Staates?

Wir alle haben uns bemüht, wo wir Widerstand erheben mußten, nicht den politischen Nationalsozialismus zu treffen, weil das nicht unsere Sache ist. Wir haben nur Rechte und Verantwortungen zu verteidigen versucht, die uns von Herrn Hitler und dem Nationalsozialismus immer wieder feierlich garantiert worden sind und werden. Wir haben dabei sorgfältig zwischen Wichtigem und Belanglosem, zwischen Kern und Beiwerk unterschieden. Aber wir waren der gegen uns anstürmenden Unwahrhaftigkeit und verlogenen Zielklarheit leidenschaftlicher Gegner ausgesetzt...

Ich selbst hatte einige schwere Zusammenstöße mit der Geheimen Staatspolizei. Obwohl ich mich immer leidenschaftlich bemüht habe, nicht unnötig und nicht am falschen Platz mich zu exponieren, brachte es meine in Deutschland weitgehend anerkannte geistige Führerstellung in Jugendangelegenheiten der evangelischen Kirche mit sich, daß ich wegen meiner großen literarischen Erfolge von der Gestapo mit äußerstem Mißtrauen behandelt werde. Namentlich habe ich durch meine in mehr als 250 000 Exemplaren verbreiteten Jugendbücher den persönlichen Zorn des Reichs-Jugendführers Baldur von Schirach auf mich gezogen.

Infolgedessen habe ich im Herbst 1936 vier Wochen in Schutzhaft verbringen müssen. Es war eine sehr schwere Zeit, die ich im einzelnen nicht beschreiben kann noch möchte. Wer dergleichen nie erlebt hat, würde manches nicht für möglich halten. Ich weiß etwa, was ausländische Zeitungen darüber schreiben, und muß sagen, daß es im allgemeinen nicht übertrieben ist...

Am 14. Juli 1938 wurde ich erneut verhaftet und nach einigen qualvollen Tagen in ein Konzentrationslager verschleppt, wo ich 6¹/₂ Wochen verblieb. Diese Zeit war für mich die schrecklichste in meinem ganzen Leben. Ich kann diese Erniedrigungen, Mißhandlungen, diesen Hunger, diese Zusammenpferchung im engsten Raum mit Zuhältern und Verbrechern nicht schildern. Haftgenossen, die vorher im Zuchthaus gewesen waren, kannten nur den einen Wunsch: Wären wir nur wieder zurück im Zuchthaus! Läuse, Wanzen, Milben, Hunger, Zwangsarbeit und eine Behandlung, die nicht zu schildern ist. Ich hatte das Glück, an einen Stapo-Beamten zu kommen, der meine Sache zu bearbeiten hatte, der mir wohlwollte und meine Freilassung erwirkte. Ich war mehrmals haarscharf daran gewesen, mich aufzuhängen oder auf andere Weise aus dem Leben zu scheiden, weil mir nicht im geringsten bekannt war, ob und wenn ja – wann ich aus dem KZ entlassen werden sollte.

Ich lebe nach meiner Entlassung bisher unbehindert. Es ist nicht abzusehen, was die nächste Zeit in Deutschland bringen wird. Man kann nur annehmen, daß die außenpolitischen Erfolge das Prestige des Nationalsozialismus und des Herrn Hitler außerordentlich stärken werden und er glauben wird, auf dieser Grundlage auch innenpolitisch jetzt tun zu dürfen, was er will. Es ist für uns heute kein Zweifel mehr, daß der gesamte Kirchen- und Religionskrieg von Hitler selbst nicht nur gewußt und gedacht, sondern geführt wird. Wir müssen infolgedessen bei der Zielklarheit des Nationalsozialismus mit sehr schweren Zeiten rechnen...

Eine dritte Verhaftung würde für mich zweifellos bedeuten, daß ich nicht weiterleben kann. Meine europäischen Freunde in Frankreich und in der Schweiz würden mich und meine Frau zweifellos auf einige Tage und Wochen aufnehmen können. Indessen würde ich riskieren, alsdann nach Deutschland abgeschoben zu werden.

Könnte ich eventuell mit meiner Frau – wenn es im äußersten Falle nötig werden *sollte*, auf Deine Hilfe und Unterkunft rechnen, bis ich als bekannt tüchtiger Ingenieur im Ausland eine passende Position gefunden haben kann? ... Es wäre für mich eine überaus große Beruhigung, wenn ich wüßte, daß im äußersten Falle geholfen würde...

Lieber Onkel Robert, Du hast in Deutschland auf Deinen wiederholten Besuchen viel von dem unzweifelhaft Guten und Hervorragenden der Hitler-Regierung gesehen, vorbildliche Leistungen auf allen Gebieten, Straßen, Beseitigung der Arbeitslosigkeit, Aufbau überall! Aber Du hast die Tragödien wohl nicht so sehen können, die aus dem Verlust der geistigen Freiheit, der religiösen Freiheit und der Gerechtigkeit resultieren. Es wird schwer, sehr schwer für einen Ausländer sein, das zu verstehen. Ich hörte, daß Dein Neffe Robert diesen Einblick habe. Deswegen adressiere ich diesen Brief auch an ihn, als Deinen Berater in diesen Dingen – mit.

Ich grüße Dich in tiefer Dankbarkeit für viel Liebe und Gutes aus Deinen Händen als Dein Neffe Kurt[20].«

Vater Ludwig Gerstein gab inzwischen den Mut nicht auf und hoffte, eine Rehabilitierung seines Sohnes zu erreichen. Er richtete eine neue Eingabe an das Oberste Parteigericht in München. Am 8. Oktober 1938 informierte er Kurt von der Lage:

»Nachdem ich mehrfach darum gebeten, hatte ich gestern in München eine Unterredung mit dem Sachbearbeiter des obersten Parteigerichts, die gut eine Stunde gewährt hat ... Deine Sache ist, das glaube ich sagen zu können, in guten Händen, und ich hoffe zuversichtlich auf einen guten Ausgang ...

Ich betonte, daß Du ein frommer Christ seiest und bleiben wolltest, daß Dir aber jede kämpferische Betätigung fernliege ... Zur Bekenntniskirche fühltest Du Dich zwar hingezogen, wärest aber durchaus nicht in allem damit einverstanden, deshalb hättest Du auch das Studium der Theologie aufgegeben. Der Herr meinte, jemand, der zur Bekenntniskirche gehöre, könne auch ein guter Nationalsozialist sein, das eine schließe das andere durchaus nicht aus, aber das Bekämpfen des Nationalsozialismus durch die Kirche könne nicht geduldet werden, wer sich da aufreizend betrage, könne nicht in der Partei geduldet werden. Dabei betonte er den verwerflichen Satz: man müsse Gott mehr gehorchen als den Menschen, ein Satz, mit dem großer Unfug getrieben werde.

Das Parteigericht stehe auf dem Standpunkt, wer wahrhaft Nationalsozialist sein wolle und sei, der dürfe aus der Partei nicht ausgeschlossen werden. Meiner Überzeugung gemäß konnte ich ihm versichern, daß das bei Dir zuträfe. Ich hoffe zuversichtlich, daß nun die Sache bald zum Schluß und zwar zu einem für Dich günstigen Schluß kommen wird ...«

Darauf stellte Ludwig Gerstein politische Betrachtungen an. Das Münchener Abkommen war soeben unterzeichnet worden; Hitler stand auf dem Gipfel seiner diplomatischen Erfolge:

»Welch große Zeit durchleben wir doch!... Auf einsamen Wegen durch die herrliche Gebirgswelt habe ich viel ... an Euch alle, an unser liebes Vaterland, an unser herrliches deutsches Volk, an unsern großen und liebevollen Führer und an vieles andere gedacht. So kann ich sagen: einsam war ich, nicht alleine!...

Mit vielen Bauern, Holzarbeitern pp bin ich in Oberbayern zusammengetroffen und habe mich viel mit ihnen unterhalten. Zu meiner freudigen Überraschung fand ich überall und ausnahmslos größte Freude und Genugtuung über die Geschehnisse und eine überwältigende Liebe zu unserem Führer. Wie stolz – im besten Sinne – können wir wieder darauf sein, Deutsche zu sein. Es hat mich gewiß große Überwindung gekostet, die geliebte schwarz-weiß-rote Flagge aufgeben zu müssen. Jetzt aber bekenne ich mich rückhaltlos zur Hakenkreuzfahne und sehe ein, daß sie eine Notwendigkeit für das neue Reich ist [21].«

Am 9. Oktober antwortete Kurt mit einem Brief, der offensichtlich für die Dienststellen der Partei bestimmt war:

»Lieber Vater! Herzlichen Dank für Deinen Brief und für die Schritte, die Du für mich unternommen hast. Ich möchte Dir zu dem in Rede stehenden Gegenstand meine Meinung mitteilen. Du weißt, daß die Sachen für mich so ernst und so sehr Gewissenssachen sind, daß ich alles genau so darstelle, wie ich es sehe und ohne jede Schminke...

Seit September 1936 habe ich mich nicht mehr für die Bekennende Kirche betätigt, sondern im allgemeinsten Sinne für die Erhaltung eines ernst zu nehmenden Gottesglaubens bei der deutschen Jugend und im deutschen Volke gekämpft. Ich habe hier und da diesen oder jenen politischen Witz mit erzählt oder mit angehört, mir hier und da ›Neuigkeiten‹ erzählen lassen. In der gesamten Grundhaltung habe ich mich jedoch gewollt und bewußt völlig positiv zum politischen Geschehen unserer Zeit gestellt. Manche Dinge – wie etwa die Inhaftbehaltung Niemöllers – haben mich vorübergehend tief betroffen, ohne daß ich diese Verhaftung einfach hätte als Unrecht empfinden können. Ich selbst habe Niemöller öfter gewarnt und ihn darauf aufmerksam gemacht, daß sein Kurs nicht der Kurs der jungen Mannschaft sei, die sich froh und geschlossen hinter das politische Wollen des Führers und des Nationalsozialismus stelle... Eine gemeine oder verantwortungslose Reaktion habe ich stets gebrandmarkt und abgelehnt. In kirchlichen Kreisen war diese meine Haltung namentlich in der jungen Mannschaft bekannt. Ich habe gerade deswegen weit mehr Gehör gefunden als andere, weil die Jugend den Nationalsozialismus kräftig bejahte und mit der Reaktion der Alten und Verkalkten nichts zu tun haben wollte. Meine Position nicht nur bei der Bekennenden Kirche, sondern überhaupt in der Kirche war mindestens sehr zweifelhaft. Ich habe mich oft stärkstens exponiert durch die Schärfe meiner Kritik und durch meine Weitherzigkeit in dogmatischen Dingen. Schärfsten Widerspruch rief eine große Arbeit über das evangelische Gesangbuch hervor, in der ich weit über Alfred Rosenberg hinaus Absetzung von Liedern wie ›Dir, dir, Jehova will ich singen‹ u.a. verlangte und Lied für Lied, Vers für Vers, Zeile für Zeile schärfstens überprüfte, gemessen an dem politischen und sonstigen Bild unserer Tage. Diese Arbeit liegt bei der Geh. Staatspolizei, Leitstelle Stuttgart... Ich habe... nachweisen können, daß ich nicht nur – was ja ganz selbstverständlich ist – vorbehaltlos und eindeutig bei allen Wahlen für Adolf Hitler gestimmt habe, sondern daß ich andere – Schwankende – zurechtgewiesen und richtig geleitet habe...

Ich habe seit 1936 meinen Bekannten- und Freundeskreis nach dieser Seite stark revidiert und zu denen gehalten, die grundsätzlich *mit* dem Nationalsozialismus gehen wollten ... [22].«

Am 26. November schickte Kurt seinem Vater einen Brief, der seine Einstellung getreuer wiedergab.

Mittlerweile hatten gewaltsame Äußerungen des Antisemitismus (die »Kristallnacht«) im gesamten Großdeutschen Reich stattgefunden.

»Lieber Vater!« schrieb Kurt, »für Deinen Brief vom 12. November * möchte ich Dir herzlich danken. Dein Brief hat mich begreiflicherweise sehr bewegt. Wie ich indessen bereits Hans geschrieben habe, vermag ich nach dem, was ich erlebt habe, nicht annähernd so optimistisch zu denken wie Du. Auch ich halte es für möglich, daß das Parteigericht das Urteil aufhebt und damit mich wieder in die Partei hineinnimmt. Für sehr wahrscheinlich halte ich es an sich nicht. Ich glaube vielmehr, daß ich bestenfalls einen schlichten, d. h. nicht unehrenhaften Abschied erhalte, weil man mir ein ›Überzeugungsdelikt‹ zugestehen wird. In beiden Fällen würde ein etwaiges Gesuch um Wiedereinstellung in den Staatsdienst beim Stellvertreter des Führers durchlaufen. Auch wenn ich Parteigenosse wieder würde, glaube ich nicht, daß ich dort unbeanstandet durchkäme. Anders natürlich der Privatdienst. Dort wäre an sich ein Hineinkommen wohl möglich. Aber auch dort würde ich – ich muß mir das doch vorher klar machen – bei jeder Gelegenheit Nackenschläge erhalten ...

Im übrigen kann ich leider Deine Ansicht über die künftige Entwicklung nicht teilen. Wir haben seit 1933 in konsequenter Linie erlebt, daß der radikale Kurs sich dauernd durchgesetzt hat und sich weiterhin durchsetzen wird. Lies hierzu bitte zu den letzten Ereignissen das *Schwarze Korps*.

* Dieser Brief ist nicht wieder aufgefunden worden.

Ich habe an dieser Konsequenz für die Zukunft nicht den leisesten Zweifel. Bei allem – auch bei mir leidenschaftlichem – Ja kann das doch noch weit schwerere Gewissenskonflikte mit sich bringen als den, die letzten Sachen mitverantworten zu müssen. Ich war innerlich weitgehend ›gleichgeschaltet‹, diese letzten Dinge haben mich aber sehr tief getroffen. Meine Bereitwilligkeit, in den Bergbau zurückzukehren und mich da fleißig, tüchtig und ausschließlich einzusetzen, bleibt nach wie vor. Nur kann ich diese Dinge hierbei nicht übersehen [23].«

Gersteins Situation blieb sehr heikel. Sein Vater faßte das klar in einem Brief an das Parteigericht vom 30. Januar 1939 zusammen:

»Mein Sohn hat sich neuerdings an verschiedenen Stellen um eine Anstellung in einem bergmännischen oder industriellen Unternehmen beworben ... Bekanntlich ist überall ein dringender Bedarf an Ingenieuren. Man würde ihn sofort und gern anstellen, aber der Umstand, daß das Verfahren gegen ihn schwebt, steht entgegen.

Seit mehr als zwei Jahren ist mein Sohn nun ohne Anstellung und Verdienst, seine Lage – er steht im 34. Lebensjahr – wird immer drückender [24].«

Endlich, am 22. Juni 1939, verwandelte das Oberste Parteigericht den »Ausschluß« Gersteins in »Entlassung aus der Partei« [25]. Mit Hilfe eines der großen deutschen Industriemagnaten, Hugo Stinnes, fand er darauf in einem Kalibergwerk in Thüringen eine Anstellung [26]. Dort brachte er zwei Jahre zu.

Im September 1939 brach der Krieg aus: Polen war nach drei Wochen besiegt. Im April 1940 wurden Dänemark und Norwegen besetzt. Darauf begann der siegreiche Frankreichfeldzug.

Im August 1940 unternahm Gerstein im »Braunen Haus«

in München Schritte, um wieder in die Partei aufgenommen zu werden [27]. Seine politische Einstellung zu jener Zeit geht aus einem Brief hervor, den er im Mai dieses Jahres an einen Freund schrieb. Gewiß, wir erhalten zunächst Aufschluß über Gersteins tägliches Leben darin. Doch die letzten Zeilen deuten auf den Wunsch hin, Versöhnung mit dem Regime zu finden und wieder mitzuarbeiten.

»Lieber Albert!« schrieb Gerstein am 14. Mai 1940, »mein langes Schweigen soll nicht bedeuten: Kurt Gerstein ist jetzt woanders, und darum hat er – zudem in anderen Verhältnissen – alles vergessen. Weit gefehlt! Kurt Gerstein ist genauso bei seinen alten Freunden und Kameraden wie je zuvor, wenn auch nur ›im Geiste‹. Aber er ist dermaßen in den Schraubstock seiner Berufsarbeit eingeklemmt, daß die Nägel ganz blau werden. Gott sei Dank wird sich da nächstens einiges ändern. Mein jetziger Dienst zwingt mich, täglich um 5 Uhr aufzustehen und vor 6 Uhr im Dienst zu sein, der mit kurzer Mittagspause bis gegen 7 oder 1/2 8 abends dauert. Daß man da, namentlich da wir in unserem dringend kriegswichtigen Betrieb fast jeden Sonntag in 2 Schichten arbeiten – sozusagen zu ›nichts‹ kommt, daß man sein bißchen Nerven und sein bißchen Innenleben einzeln numerieren muß, um durchzuhalten, bleibt nicht aus. Um 9 Uhr muß Gerstein in die Klappe, sonst kann er diesen Dienst nicht durchhalten. Rechne aus, was ihm für sich, Familie usw. bleibt.

Mir sind große Möglichkeiten geboten, in großem Stile wichtige Lebensgebiete für die ganze deutsche Jugend literarisch zu behandeln bzw. derartige Aufgaben zu organisieren, und zwar im Rahmen der HJ von sehr hoher Stelle aus. Leider habe ich so gut wie noch nichts durchführen können. Aber ich werde mir in meiner neuen Stellung diesen Raum freihalten...

Was ich an hohen Stellen der HJ erlebt habe, zwingt mich, ohne irgendwie an meinen Überzeugungen Verrat zu üben, mitzuhelfen. Ich darf die prächtigen Leute, mit denen ich Freundschaft geschlossen habe, nicht im Stich lassen.

Nach einer politischen Geschichte, die sich inzwischen zu meinen Gunsten geklärt hat, habe ich in dieser Hinsicht Ruhe. Bitte sag das Albert A., wenn Du ihn sehen solltest ...«

Der Brief schließt mit »Heil Hitler!« [28]

Die Einstellung Gersteins zum Regime entsprach übrigens völlig der der Bekennenden Kirche seit Kriegsbeginn. Die Partei hatte ihre antireligiöse Tätigkeit gedämpft, und es war zu einer Art Waffenruhe zwischen den Nationalsozialisten und dem militanten Flügel des deutschen Protestantismus selbst gekommen. »Die evangelische Kirche war es in Deutschland gewohnt, im Kriege enge Verbundenheit mit Volk und Staat zu pflegen, auf den siegreichen Ausgang des Krieges zu hoffen und dafür zu beten [29].« Die Bekennende Kirche konnte der Last dieser Tradition um so weniger entgehen, als ihre aktivsten Leiter in den Lagern inhaftiert blieben und ein großer Teil ihrer Gläubigen in den Reihen der Wehrmacht diente.

In dieser Atmosphäre der »Versöhnung« sollte Gerstein eine Entscheidung treffen, die den Lauf seines Daseins veränderte.

Die Entscheidung

Gerstein erfuhr von der Ermordung der Geisteskranken. »Im Innersten verletzt, da ich einen solchen Fall in meiner Familie habe, hatte ich nur einen Wunsch: einen Einblick gewinnen in diese ganze Maschinerie und es dann ins Volk schreien! Mit zwei Empfehlungsschreiben der beiden Gestapo-Angestellten bewaffnet, die meinen Fall behandelt hatten, war es nicht schwer, in die Waffen-SS einzutreten. Ein SS-Mann hatte mir einmal gesagt: ›Ein Idealist wie Sie müßte ein fanatisches Mitglied unseres Korps werden.‹ Mochte mein Leben auch bedroht sein, ich hatte keine Skrupel: ich selbst war zweimal von Agenten des SD geprellt worden, die sich in die exklusivsten Kreise der protestantischen Kirche eingeschlichen und neben mir gebetet hatten. Ich dachte: ›Das, wozu ihr fähig seid, werde ich besser machen als ihr.‹ So meldete ich mich freiwillig in die SS. Dies um so mehr, als eine angeheiratete Schwägerin – Bertha Ebeling – in Hadamar zwangsgetötet wurde ... [1].«

Über die Vernehmung vom 26. Juni 1945 ist folgendes aufgezeichnet:

Gerstein: Im Jahr 1940 erfuhr ich vom Landesbischof in Stuttgart von den Massentötungen der Geisteskranken in Hadamar und Grafeneck. Meine Schwägerin Bertha Ebeling gehörte zu den Opfern. Da entschloß ich mich, in die Waffen-SS einzutreten.

Frage: Sind Sie in die Waffen-SS eingetreten, um dort zu spionieren und damit Ihren religiösen Idealen zu dienen?

G: Ja, um einen aktiven Kampf zu führen und die Ziele und Geheimnisse der Nazis besser kennenzulernen.

F: Wie konnten Sie in diese Organisation hineingelangen, nachdem Sie selbst bereits mehrmals von der Gestapo verhaftet worden waren?

G: Ich nahm einfach die Vorschläge an, die mir die Gestapo bei meiner zweiten Verhaftung gemacht hatte[2].

Im wesentlichen stimmen Gerstein-Bericht und Vernehmung überein: Es sind die Gerüchte über die Euthanasie und vor allem der Tod von Bertha Ebeling in Hadamar, die ihn zu der Entscheidung mit den schwersten Konsequenzen für sein Leben drängen.

Die Tötung der Geisteskranken und Schwachsinnigen war von Hitler im September 1939 geheim befohlen worden. Die Anwendung der Euthanasie wurde der unmittelbaren Kontrolle der Kanzlei des Führers unterstellt und mit höchster Sorgfalt getarnt. Ende 1939 war ein erstes Tötungszentrum in Brandenburg errichtet worden; fünf weitere – darunter Grafeneck und Hadamar – wurden 1940 in Betrieb genommen. Christian Wirth, Kommissar der Kriminalpolizei in Stuttgart, wurde mit den Hinrichtungen beauftragt.

Anfangs tötete Wirth die Kranken mit der Pistole, doch bald wurde eine perfektioniertere Technik angewendet: Man baute die ersten Gaskammern, in denen man Kohlenoxyd benutzte:

»Die Einrichtung war einfach«, schreibt Léon Poliakov, »und wurde durch den verhältnismäßig geringen ›Betrieb‹ der Euthanasiestationen noch erleichtert. In jeder Anstalt wurde ein Raum, als Duschraum getarnt, hermetisch abgeriegelt. In diesen Raum zog sich ein Röhrennetz, das an Kohlenoxydflaschen angeschlossen wurde. Die Kranken wurden im allgemeinen mit Hilfe von Morphium- oder

Skopolaminspritzen schläfrig gemacht oder mit Schlafmitteln halb betäubt, ehe sie in Gruppen von zehn bis fünfzehn in diese Gaskammern geführt wurden. Die Euthanasiestationen erhielten außerdem ein kleines Krematorium, in dem die Leichen eingeäschert wurden. Die Familien wurden durch stereotype Briefe verständigt, in denen man ihnen das Ableben des Toten infolge von ›Herzschwäche‹ oder ›Lungenentzündung‹ mitteilte[3].«

Von Januar 1940 bis August 1941 wurden 70 273 Geisteskranke getötet.

Die Verwendung dieser ersten Gaskammern muß man sich merken: Es handelte sich da um eine der technischen Grundlagen der Massenausrottung von Juden, die Ende 1941 beginnt.

Aber wenn das Euthanasieprogramm so überaus geheim war, wie konnten dann Kurt Gerstein oder der Landesbischof von Stuttgart, der ihn unterrichtet haben soll, die Einzelheiten kennen? Tatsächlich verbreiteten sich Gerüchte über diese Angelegenheit durch ganz Deutschland. Die Häufigkeit der Todesfälle in den psychiatrischen Anstalten, die stets geheimnisvollen Umstände beim Tode erregten Verdacht. Das übrige taten Indiskretionen. Wenn man einer Eingabe glauben darf, die das Frankfurter Gericht im Mai 1941 an den Reichsjustizminister Gürtner sandte, war die Euthanasie in der Öffentlichkeit bekannt: Die Kinder von Hadamar empfingen die Autobusse, in denen die Kranken befördert wurden, mit den Rufen: »Da werden wieder welche vergast!« Der Rauch von den Krematorien war meilenweit im Umkreis zu sehen[4]. Bald nahmen katholische und protestantische Kirchenmänner immer offener Stellung:

»Wie weit wird man mit der Ausrottung des lebensunwerten Lebens gehen?« fragte Pfarrer Braune in einer

Denkschrift, die er der Reichskanzlei vorlegte. »Die im Gange befindlichen Massenaktionen haben gezeigt, daß sehr viele Menschen mit klarem und bewußtem Geist dabei einbezogen worden sind ... Zielt man einzig und allein auf die ganz verzweifelten Fälle ab wie die Idioten und die Schwachsinnigen? ... Wird man vor den Tuberkulosen haltmachen? Das Euthanasieprogramm wird bereits auf Häftlinge angewendet. Wird man auch andere Anomale und Asoziale angreifen? Wo befindet sich die Grenze? Wer ist anomal, asozial, welches sind die aussichtslosen Fälle? Welches wird das Schicksal der Soldaten sein, die im Kampf für ihr Vaterland Gefahr laufen, sich unheilbare Leiden zuzuziehen? Manche unter ihnen stellen sich bereits solche Fragen [5].«

Pfarrer Braune wurde von der Gestapo verhaftet. Nach drei Monaten ließ man ihn frei. Die Erregung hielt an. Darauf nahm am 3. August 1941 der Bischof von Münster, Graf von Galen, öffentlich Stellung gegen die Euthanasie und sagte in einer Predigt in der Lambertikirche:

»Es gibt Gewissensverpflichtungen, von denen uns niemand befreien kann und die wir erfüllen müssen, koste es uns selbst das Leben. Nie, unter keinen Umständen darf der Mensch außerhalb des Krieges und der gerechten Notwehr einen Unschuldigen töten. Ich habe bereits am 6. Juli Gelegenheit genommen, diesen Worten des gemeinsamen Hirtenbriefes folgende Erläuterungen hinzuzusetzen: Seit einigen Monaten hören wir Berichte, daß aus Heil- und Pflegeanstalten auf Anordnung von Berlin Pfleglinge, die schon länger krank sind und vielleicht unheilbar erscheinen, zwangsweise abgeführt werden. Regelmäßig erhalten dann die Angehörigen nach kurzer Zeit die Mitteilung, die Leiche sei verbrannt, die Asche könne abgeliefert werden. Allgemein herrscht der an Sicherheit grenzende Verdacht, daß diese zahlreichen unerwarteten Todesfälle von Geisteskranken nicht von selbst eintreten, sondern absichtlich herbeigeführt werden, daß man dabei jener Lehre folgt, die behauptet, man dürfe sogenanntes ›lebensunwertes Leben‹ vernichten, also unschuldige Menschen töten, wenn man meint, ihr Leben sei für Volk und Staat nichts mehr wert. Eine furchtbare Lehre, die die Ermordung Unschuldiger rechtfertigen will, die gewaltsame Tötung der nicht mehr arbeitsfähigen Invaliden, Krüppel, unheilbar Kranken, Altersschwachen grundsätzlich freigibt. Dieser Lehre gegenüber erklären die deutschen Bischöfe: Unter keinen Umständen darf der Mensch außerhalb des Krieges und der gerechten Notwehr einen Unschuldigen töten[6].«

Kurz nach der Predigt des Grafen von Galen hatte die Euthanasie ein Ende. Den Bischof von Münster focht nichts an.

»Am 20. Februar 1941 fand in Saarbrücken«, wie Kurt Gersteins Bruder Karl berichtet, »die Beisetzung der Urne meiner Schwägerin statt; an ihr nahm auch mein Bruder Kurt teil. Die Umstände des plötzlichen Todes waren merkwürdig gewesen: Man hatte der Mutter brieflich mitgeteilt, ihre Tochter habe plötzlich aus einer saarländischen Heilanstalt nach Hadamar verlegt werden müssen, dort sei sie dann einer Epidemie zum Opfer gefallen; aus Gründen der Seuchenhygiene habe man die Leiche unverzüglich und ohne vorherige Befragung der Hinterbliebenen verbrennen müssen, die sterblichen Überreste würden der Stadtverwaltung in Saarbrücken zugestellt und könnten dort in Empfang genommen werden. So befremdet wir waren, so waren wir doch ohne Arg. Bruder Kurt war es, der meine ahnungslose Frau und mich auf dem Heimweg von der Beisetzung aufklärte. Unser fassungsloses Staunen steigerte sich, als Kurt uns dann auch noch eröffnete, er wolle sich zur Waffen-SS melden ... Auf diese Weise werde er dann Klarheit darüber gewinnen können, was an den vielerlei Gerüchten Wahres sei und was eigentlich wirklich in der SS vorgehe. – Ich muß gestehen, daß wir damals Kurt nicht ernst genommen haben [7].«

Pastor Wehr, der den Trauergottesdienst gehalten hatte, sprach ebenfalls mit Gerstein:

»Nach der Beisetzung ... teilte er mir seinen Entschluß mit, er wolle dahinterkommen, was über die umlaufenden Gerüchte solcher und anderer verbrecherischer Aktionen den Tatsachen entspräche. Meinen sehr starken Bedenken, in das Lager der dämonischen Mächte hineinzugehen, begegnete er mit leidenschaftlich bewegter Entschlossenheit [8].«

Helmut Franz schrieb dazu:

»Ich war natürlich entsetzt, als er mir das mitteilte. Ich sagte ihm, ich hielte dieses Unternehmen für ein wahnsinniges Gott-Versuchen, für eine Provokation des Schicksals, die für ihn nur in einer Katastrophe enden könne [9].«

Im gleichen Geist machte Pastor Rehling seine Aussage. Gerstein sah ihn im Lauf des Jahres 1941 und sagte auch ihm:

»Wenn Sie merkwürdige Dinge von mir hören, so denken Sie nicht, ich sei ein anderer geworden. Sagen Sie das bitte auch Präses D. Koch. Es liegt mir daran, daß er nicht schlecht von mir denkt. Ich habe mich zur SS gemeldet und rede jetzt manchmal deren Sprache. Ich tue das aus zwei Gründen: Der Zusammenbruch kommt. Das ist absolut gewiß. Es kommt Gottes Gericht. In dem Augenblick werden diese gewissenlosen Desperados alle jene noch umbringen, die sie als ihre Gegner ansehen. Dann hilft kein Widerstand von außen. Die einzige Hilfe kann nur durch einen kommen, der dann Befehle unterschlägt oder sie verstümmelt weitergibt. Dahin gehöre ich jetzt! Und der andere Grund:

Ich bin so vielen Verbrechen auf der Spur. Meine Tante ist in Hadamar getötet worden. Ich will wissen, an welcher Stelle und durch wen diese Mordbefehle gegeben werden!«

»Ich konnte ihm«, erklärte Rehling dazu, »meine Angst und Sorge vor diesem Weg in den Rachen des Satans nicht verhehlen. Er war jedoch seines Weges gewiß [10].«

Wenn man sich an die Dokumente hält, die wir hier eben zitiert haben, dann scheint das Motiv für Kurt Gersteins Entschluß einfach und unzweideutig zu sein. Doch nach dem, was wir von seiner schwankenden Einstellung zum Regime während der voraufgegangenen Jahre wissen, sehen wir uns zu der Ansicht gedrängt, daß die Beweggründe für seinen Eintritt in die Waffen-SS weit vielschichtiger waren, als es die Erklärungen vermuten lassen, die wir eben gelesen haben. Daß die Ermordung Bertha Ebelings eins der Elemente bei dieser Entscheidung war, ist wahrscheinlich; aber gewiß war sie nicht das einzige. Und außerdem stimmen verschiedene Zeugen weniger mit den oben zitierten überein.

Nach Angabe von Pastor Heinz Schmidt hatten Gerstein und er bereits Ende 1939, nach dem Polenfeldzug, den Gedanken, in die Waffen-SS einzutreten, da »man doch nur von innen den Dingen beikommen könnte«. Der Pastor fährt fort: »Wir haben damals diese Überlegungen nicht weiter verfolgt, da sie uns dann doch als illusionistisch vorkamen [11].« Wenn diese Aussage korrekt ist, könnte die Euthanasie nicht die Ursache dieser Entscheidung gewesen sein, da die ersten Tötungen erst Anfang 1940 vorgenommen wurden, und man begreift nicht recht, was Schmidt und Gerstein im Herbst 1939 in der Waffen-SS entdecken wollten. Wir wissen jedoch, daß sich Gerstein um diese Zeit mit dem Gedanken trug, freiwillig in die Wehrmacht einzutreten.

Im Jahr 1955 entdeckte das Frankfurter Schwurgericht in der Verhandlung gegen Dr. Gerhard Peters[12] ebenfalls gewisse Widersprüche im Hinblick auf die Gründe für Gersteins Eintritt in die Waffen-SS. Das Gericht vermerkte:

»Seiner Frau hat er nach ihrer Aussage keinen Grund genannt und lediglich gesagt: ›Die wollen mich nicht, die müssen mich aber nehmen‹, ohne allerdings eine Erklärung für dieses angebliche ›müssen‹ zu geben. Daß er, wie er dem Zeugen Nebelthau erzählt hat, nach Verabredung mit Pfarrer Niemöller in die SS eingetreten ist, kann schon deshalb nicht zutreffen, weil Niemöller sich bereits seit 1937 in einem Konzentrationslager befand und seitdem mit Gerstein nicht mehr in direkter Verbindung stand. Auch dem Zeugen Dr. Eckardt hat er erklärt, er sei nach Befragung seiner geistlichen Berater in die SS gegangen, ohne daß jedoch einer der geistlichen Zeugen dies bestätigt hat. In gewissem Gegensatz dazu steht die Erklärung, die er seinem alten Freund, dem Zeugen Scharkowski, gegeben hat: Er habe unter ständiger Aufsicht des Sicherheitsdienstes gestanden und dieser habe ihn aufgefordert, in die SS einzutreten. Er, Gerstein, habe dies als einen Anruf Gottes angesehen, in das Lager des Feindes zu gehen[13].«

Noch Ende 1939 bemühte sich Gerstein darum, wieder in die Partei aufgenommen zu werden: In einem Schreiben an das »Braune Haus« in München soll er erklärt haben, er stehe »in jeder Hinsicht positiv zum heutigen Staat« und sei »aus eigener Überzeugung aus der Bekenntniskirche ausgetreten«[14].

Daß solche Erklärungen nicht der wirklichen Geistesverfassung Gersteins entsprachen, ist kaum zu bezweifeln. Aber immerhin, er bemühte sich weiter um die Wiederaufnahme in die Partei, und es könnte sein, daß der freiwillige Eintritt in die Waffen-SS ihm als Mittel zur Verwirklichung dieses Ziels erschien. Zu diesen Ungenauigkeiten tritt noch eine rätselhafte Einzelheit bei Gersteins Vernehmung im Juni 1945. Erinnern wir uns der Formulierung:

F: Wie konnten Sie in diese Organisation hineingelangen, nachdem Sie selber bereits mehrmals von der Gestapo verhaftet worden waren?

G: Ich nahm einfach die Vorschläge an, die mir die Gestapo bei meiner zweiten Verhaftung gemacht hatte...

Um was für Vorschläge handelte es sich dabei? Dieser Satz läßt sich nicht erklären, obwohl er keine entsprechende Reaktion bei dem Vernehmungsoffizier hervorrief.

Doch welches auch die wahren Beweggründe Gersteins und das Datum gewesen sein mögen, zu dem er sich entschloß, in die Waffen-SS einzutreten, sein Aufnahmegesuch bei dieser Organisation wurde nicht nach der Beisetzung von Bertha Ebeling gestellt, sondern vorher. Bei seiner Vernehmung am 20. Juli 1945 erklärte er:

»Bis zum 5. März (1941) blieb ich als Zivilist bei dieser Gesellschaft (Wintershall). Vorher, das heißt im Dezember (1940) hatte ich ein Aufnahmegesuch für den Wehrdienst bei der Waffen-SS gestellt...« Aus einem Schreiben des Arbeitsamtes Eisenach an die Firma Wintershall, bei der Gerstein um diese Zeit beschäftigt war, geht sogar hervor, daß er sich bereits im September 1940 freiwillig zur Waffen-SS gemeldet hatte[15].

Damit sind jedoch die Beweggründe Gersteins und selbst das Datum seines Entschlusses noch nicht völlig klar.

Gehen wir deshalb noch einmal zu den Äußerungen des Schwurgerichts Frankfurt zurück, um dort unzweideutig zu hören: »Gerstein ist nicht aus nationalsozialistischer Überzeugung, oder um die Idee des Nationalsozialismus zu unterstützen, in die SS eingetreten[16].«

Am 10. März 1941 begann er seinen Dienst in der SS.

Bis zu diesem Augenblick scheint es nichts zu geben, was ihn zu der Rolle bestimmt hätte, die ihm zufallen sollte. Er war ein Deutscher wie viele andere, der sich den Einflüssen nicht ganz entzogen hatte, von denen die Entwicklung der deutschen Gesellschaft in den dreißiger Jahren geprägt wurde. Seine Herkunft, sein Milieu und seine Erziehung hatten ihn ganz und gar nicht auf sein Schicksal vorbereitet. Was ihm zustieß, hätte Millionen von Deutschen ebenso zustoßen können. Doch er blieb allein.

Die Zwiespältigkeit des Guten

Belzec und Treblinka

»10. März – 2. Juni 1941 militärische Grundausbildung in Hamburg-Langehoorn, Arnheim und Oranienburg mit 40 Ärzten. Wegen meines Doppelstudiums – Technik und Medizin – erhielt ich den Befehl, im technisch-ärztlichen Dienst des SS-Führungshauptamts – Amtsgruppe D, Sanitätswesen der Waffen-SS, Abteilung Hygiene – zu arbeiten. Beim Hygiene-Dienst wählte ich mir sofort selbst die Aufgabe, fahrbare Desinfektionsanlagen, Trinkwasserfiltriergeräte für die Truppe, für Gefangenenlager und für Konzentrationslager zu konstruieren. Dank meinen industriellen Erfahrungen hatte ich bald Erfolge – meine Vorgänger hatten diese nicht. So war es möglich, die Sterblichkeit der Gefangenen beträchtlich zu senken. Wegen meines Erfolgs wurde ich bald zum Leutnant befördert. Im Dezember 1941 erhielt das Gericht, das meinen Ausschluß aus der NSDAP verfügt hatte, Kenntnis von meinem Eintritt in die SS. Man bemühte sich sehr, mich auszuschließen und zu verfolgen. Aber wegen meiner Erfolge wurde ich von meiner Dienststelle geschützt und gehalten [1].«

So beschrieb Gerstein 1945 seine Anfänge in der SS.

Seinem Vater und seinen Brüdern stellte Kurt mit Wärme den Kameradschaftsgeist und die vorbildliche Ehrlichkeit dar, die in seiner Einheit herrschten, ebenso die ausgezeichneten Beziehungen zwischen Offizieren und Rekruten [2]. Dagegen fehlen in dem Brief, den er am 26. April 1941 aus Arnheim, Holland, an seine Frau schickt, die versteckten Andeutungen nicht:

»Das ist ein merkwürdiges Leben, das ich führen muß«, schreibt er. »Oft wurde ich an Welzheim erinnert, womit manches eine verzweifelte Ähnlichkeit hat... Trotzdem kann ich es nicht bedauern, hierher gekommen zu sein. Die Bereicherung der Blicke, die innere Klarheit, ist unendlich viel größer geworden.

Ich denke oft an das bekannte, Dir oft zitierte Nietzsche-Wort [3]. Der Generation Arnulf werden sich viele, viele Probleme bieten. Ich erkenne – mehr noch als bisher – hier, was wesentlich ist [4].«

In dieser Zeit begegnet Gerstein einem alten Freund, dem holländischen Ingenieur Ubbink, wieder:

»Als Kurt Gerstein mich in 1941 von Arnheim aus anrief, ob er mich besuchen dürfte – obwohl er eine SS-Uniform anhätte –, habe ich spontan geantwortet: ›Du immer!‹, weil ich ihn zu gut kannte, um nicht zu wissen, daß er nie freiwillig der SS beigetreten sein konnte. Die Zwangsfreiwilligkeit erklärte er mir dann auch sofort. Er hat nachdem meine Wohnung im Sommer 1941 sehr häufig besucht«, schreibt Ubbink im Jahr 1949. »... Unsere Gespräche hatten den Krieg und den Nationalsozialismus zum Inhalt. Dabei zeigte er sich als ein sehr großer Gegner des Nationalsozialismus...

Aus diesen Gesprächen habe ich einige sehr markante Aussprüche behalten: ›Wir *müssen* diesen Krieg verlieren. Besser ein hundertfaches Versailles, als daß diese Verbrecherbande bleibt. Was hilft es einem Volk, ob es die ganze Welt gewinnt, und seine Seele leidet Schaden?‹

Ich gab ihm das Buch *Gespräche mit Hitler* von H. Rauschning zu lesen, ein Buch, das damals in Holland illegal von Hand zu Hand ging. Jede freie Stunde kam er nach Doesburg und las in diesem Buch. ›Was darin steht, ist leider allzu wahr. Das trifft haarscharf zu‹, erklärte er.

Das Buch traf ihn besonders, weil es in klarer Sprache sagte, was er wußte und vermutete. Zuletzt hat er es für seine Freunde aus der Gruppe Niemöller mitgenommen nach Deutschland [5].«

Daß Gerstein zu dieser Zeit das Buch von Rauschning gelesen hatte und Freunden in Deutschland auslieh, bestätigt Kurt Rehling:

»Eines Tages habe es im Pfarrhaus geklingelt«, sagt Rehling aus, »und man habe auf dem Flur das Aufklatschen eines Buches gehört. Als man nachsah, war es das verbotene Buch des Danziger Staatspräsidenten * Rauschning *Gespräche mit Hitler*. Zuerst sei alles im Pfarrhaus bestürzt gewesen, weil man an eine Falle der Gestapo dachte, und man trug sich schon mit dem Gedanken, das verpönte Buch zur Polizei zu bringen – als einige Tage später der ›geniale‹ Theologe, Mediziner, Chemiker und SS-Mann Gerstein lachend im Pfarrhaus erschien und gestand, er habe das Buch zur Kenntnisnahme hereingeworfen [6].«

Die Beurteilung Gersteins vom 5. Mai 1941 nach der Ausbildungszeit in Arnheim ist sehr positiv:

»Gerstein ist besonders geeignet für alle Aufgaben der Schulung. Er ... ist diszipliniert und autoritativ [7].«

Die gleichzeitig technischen wie medizinischen Kenntnisse führten Gerstein also in die Hygiene-Abteilung der Waffen-SS, wo er vor allem mit Arbeiten an Trinkwassergeräten und an Desinfektionsanlagen für militärische Zwecke und für Konzentrationslager beauftragt wurde.

Nach seiner Rückkehr nach Deutschland ließ er einige seiner alten Kameraden aus der Jugendbewegung seine intimsten Gedanken ahnen. Dazu schreibt Helmut Franz:

* Rauschning war bis November 1934 Präsident des Danziger Senats (A. d. Ü.).

»Im Sommer 1941, kurz nach seiner militärischen Grundausbildung, besuchte er mich in Bad Kreuznach, wo ich inzwischen zur Absolvierung einer militärischen Sanitätsausbildung gelandet war. In dieser Zeit sei es einfach unumgänglich, sagte er mir, auf schmalen Graten zu gehen und gefährlich zu leben [8]. Wenn viele seiner alten Freunde ihn jetzt für einen Abtrünnigen hielten, so müsse er das im Interesse seines besonderen Auftrages in Kauf nehmen. So schmerzlich ihm diese Verkennung seiner Person auch sei, so müsse er das zu seiner Tarnung geradezu willkommen heißen [9].«

Im November geriet die Laufbahn Gersteins in der SS ganz plötzlich in Gefahr, beendet zu sein: In Hamm, wo Gerstein an der Beerdigung seines Bruders Alfred teilnahm, bemerkte ihn einer der Richter des Gaugerichts, das seinen Ausschluß aus der Partei verfügt hatte [10]. Die Reichsführung der SS wurde unverzüglich unterrichtet, und die Partei forderte seine Versetzung. Doch seine technischen Kenntnisse waren eine wichtige Trumpfkarte: Er blieb auf seinem Posten.

Während der folgenden Monate interessierte sich Gerstein immer stärker für seine Arbeit. Anscheinend hatte er die Gründe vergessen, die ihn in die SS geführt hatten. Nur ein einziger Satz in einem Brief aus dem August an seine Frau könnte darauf hindeuten, daß sich seine Absichten nicht geändert hatten:

»Eigentlich hatte ich noch nach Tübingen kommen wollen, leider geht es nicht mehr. Ich bin wieder einmal viel auf Reisen, meist im Osten und Norden (Bremen, Hamburg). Ich baue z. Zt. mit Verbissenheit eine größere Anzahl X-Züge*, eine sehr schöne, aber überaus nüchterne

* Desinfektions-Wagen.

Arbeit ... Immerhin deckt sich seit einigen Monaten bei mir endlich wieder Neigung und Beruf ... Ich bin hier an einem Platze, wo ich *in der Tat ungeheuer viel nützen und – verhindern kann*[11].«

Am 5. September schrieb er wieder an seine Frau:

»... Gleich geht's auf etwa 5 Tage mit dem Auto nach Asnières in Frankreich, anschließend nach München und Celle. Ich habe eine wirklich schöne, aber in ihrer ausschließlichen Verantwortung sehr arbeitsreiche Dienststellung[12].«

Plötzlich hat sich die Geistesverfassung Gersteins völlig verwandelt. Was ist geschehen? Genaues darüber ist nicht bekannt. Das Folgende berichtet Helmut Franz:

»Ich selbst kam kurz nach unserm Kreuznacher Zusammentreffen an die Ostfront, wurde im Januar 1942 verwundet und kam nach mehrmonatigem Aufenthalt in litauischen Lazaretten Ende April des Jahres in ein Heimatlazarett nach Neustrelitz. Kaum war ich dort, kam Gerstein mich von Berlin aus besuchen. Inzwischen war er dauernd mit meinen Eltern in Saarbrücken in Verbindung geblieben und hatte so meinen Aufenthalt in Neustrelitz ausfindig gemacht. Für mich völlig überraschend stand er eines Tages wie ein Gespenst in SS-Uniform vor meinem Bett. Ich war erschüttert darüber, wie trostlos und pessimistisch seine Stimmungslage war. Dabei hatte er damals die Vernichtungslager in Polen noch nicht besichtigt gehabt. Das Schlimmste stand ihm also noch bevor. Und dennoch hatte das, was er sonst in der SS so gesehen und gehört hatte, genügt, um ihn zu einem verzweifelten und unproduktiven Menschen zu machen. In dauernder Angst vor Entlarvung lebend, war er mit den Nerven völlig heruntergekommen. Der Satanismus der Nazis schien ihm so gigantisch, daß er ihren Endsieg für durchaus möglich hielt. Um so größer war sein allgemeiner Pessimismus und seine tiefe innere Zerschlagenheit. Gegenüber einem solchen aus Haß, Angst und Verzweiflung bestehenden Nervenbündel glaubte ich mich als überlegener und ruhigerer Mensch abheben zu können [13].«

Einige Monate später, im Juni 1942, schrieb Helmut Franz an seinen Bruder:

»Welche Veränderung! Vor einigen Jahren war er in meinen Augen noch eines der erfolgreichsten Genies – heute ist er ein vollkommen erledigter Mensch, ohne Entschluß, ohne Kraft und Halt. Furchtbar ist das! Das Schlimmste ist, daß er nicht nur seelisch festgefahren ist, sondern auch durch seine Stellung rettungslos gebannt ist in eine Situation, aus der er schwerlich anders herauskommen kann als durch eine Katastrophe ... [14].«

Vielleicht waren es lediglich Gerüchte, von denen Gerstein geleitet wurde, aber im Juni desselben Jahres wurde er plötzlich der »Zeuge«, der er hatte sein wollen. Und hier nun begann seine historische Rolle. Er sollte der »Endlösung« der Judenfrage beiwohnen.

Man weiß nicht genau, wann sich der Gedanke einer physischen Vernichtung der Juden dem Geist Hitlers aufdrängte. Bis zum Krieg hatte die antisemitische Politik der Nazis die Zwangsaussiedlung der Juden aus dem Reich, danach aus den annektierten Gebieten zum Hauptziel gehabt. Die Feindseligkeiten machten dieser Möglichkeit bald ein Ende.

Eine Zeitlang diskutierte man in Berlin »Kolonialprojekte«. Man wollte alle Juden Europas in Madagaskar zusammenpferchen, wodurch die Insel zu einer Art riesigem jüdischen »Reservat« unter deutscher Kontrolle geworden wäre. Die höchste Autorität auf der Insel sollte in Händen der deutschen Polizei liegen ... Gleichzeitig entwickelte sich bereits eine Lösung auf einem andern Gebiet, die diesmal »realistischer« war: Nach einem von Heydrich, dem Leiter des Reichssicherheitshauptamts, ausgearbeiteten Plan begann die Konzentrierung der polnischen Juden, denen die deutschen und tschechischen Juden bald folgen sollten, bereits im Osten Polens, im Gebiet Lublin. In den großen polnischen Städten blieben die Juden an Ort und Stelle und wurden in Gettos eingeschlossen. Über das Schicksal, das diesen Menschen zugedacht war, hatte man Anfang 1941 noch nicht klar entschieden. Das geschah erst mit Beginn des Rußlandfeldzugs, und das gleiche Schicksal sollte alle Juden des besetzten Europa treffen:

»In Ergänzung der Ihnen bereits mit Erlaß vom 24. Januar 1939 übertragenen Aufgabe, die Judenfrage in Form der Auswanderung oder Evakuierung einer den Zeitverhältnissen entsprechend möglichst günstigen Lösung zuzuführen, beauftrage ich Sie hiermit, alle erforderlichen Vorbereitungen in organisatorischer, sachlicher und materieller Hinsicht zu treffen für eine Gesamtlösung der Judenfrage im deutschen Einflußgebiet in Europa.

Sofern hierbei die Zuständigkeiten anderer Zentralinstanzen berührt werden, sind diese zu beteiligen.

Ich beauftrage Sie weiter, mir in Bälde einen Gesamtentwurf über die organisatorischen, sachlichen und materiellen Voraussetzungen zur Durchführung der angestrebten Endlösung der Judenfrage vorzulegen [15].«

Das ist der Wortlaut der Anweisungen, die Reichsmarschall Göring am 31. Juli 1941 Heydrich gab.

Mittlerweile begannen in den von den deutschen Truppen eroberten Gebieten Rußlands »ungeordnete« Exekutionen von Juden. Der Generalplan der »Endlösung« war noch nicht aufgestellt, aber schon traten »Einsatzgruppen« in Aktion. Die angewendete Methode war zunächst die der

Massenerschießungen, und Szenen wie die, deren Zeuge der Ingenieur Gräbe im Jahr 1942 wurde, liefen von 1941 an täglich ab:

»Die von den Lastwagen abgestiegenen Menschen, Männer, Frauen und Kinder jeden Alters, mußten sich auf Aufforderung eines SS-Mannes, der in der Hand eine Reit- oder Hundepeitsche hielt, ausziehen und ihre Kleider nach Schuhen, Ober- und Unterkleidern getrennt an bestimmten Stellen ablegen. Ich sah einen Schuhhaufen von schätzungsweise 800 bis 1 000 Paar Schuhen, große Stapel mit Wäsche und Kleidern. Ohne Geschrei oder Weinen zogen sich diese Menschen aus, standen in Familiengruppen beisammen, küßten und verabschiedeten sich und warteten auf den Wink eines anderen SS-Mannes, der an der Grube stand und ebenfalls eine Peitsche in der Hand hielt. Ich habe während einer Viertelstunde, als ich bei den Gruben stand, keine Klagen oder Bitten um Schonung gehört. Ich beobachtete eine Familie von etwa acht Personen, einen Mann und eine Frau, beide von ungefähr 50 Jahren, mit deren Kindern, so ungefähr 1-, 8- und 10jährig, sowie zwei erwachsene Töchter von 20 bis 24 Jahren. Eine alte Frau mit schneeweißem Haar hielt das einjährige Kind auf dem Arm und sang ihm etwas vor und kitzelte es. Das Kind quietschte vor Vergnügen. Das Ehepaar schaute mit Tränen in den Augen zu. Der Vater hielt an der Hand einen Jungen von etwa 10 Jahren, sprach leise auf ihn ein. Der Junge kämpfte mit den Tränen. Der Vater zeigte mit dem Finger zum Himmel, streichelte ihn über den Kopf und schien ihm etwas zu erklären. Da rief schon der SS-Mann an der Grube seinem Kameraden etwas zu. Dieser teilte etwa 20 Personen ab und wies sie an, hinter den Erdhügel zu gehen. Die Familie, von der ich hier sprach, war dabei. Ich entsinne mich noch genau, wie ein Mädchen, schwarzhaarig und schlank, als sie nahe an mir vorbeiging, mit der Hand an sich herunterzeigte und sagte: ›23 Jahre!‹ Ich ging um den Erdhügel herum und stand vor dem riesigen Grab. Dicht aneinandergepreßt lagen die Menschen so aufeinander, daß nur die Köpfe zu sehen waren. Von fast allen Köpfen rann Blut über die Schultern. Ein Teil der Erschossenen bewegte sich noch. Einige hoben ihre Arme und drehten den Kopf, um zu zeigen, daß sie noch lebten. Die Grube war bereits dreiviertel voll. Nach meiner Schätzung lagen darin bereits ungefähr 1 000 Menschen. Ich schaute mich nach dem Schützen um. Dieser, ein SS-Mann, saß am Rand der Schmalseite der Grube auf dem Erdboden, ließ die Beine in die Grube herabhängen, hatte auf seinen Knien eine Maschinenpistole liegen und rauchte eine Zigarette. Die vollständig nackten Menschen gingen an einer Treppe, die in die Lehmwand der Grube gegraben war, hinab, rutschten über die Köpfe der Liegenden hinweg bis zu der Stelle, die der SS-Mann anwies. Sie legten sich vor die toten oder angeschossenen Menschen, einige streichelten die noch Lebenden und sprachen leise auf sie ein. Dann hörte ich eine Reihe Schüsse. Ich schaute in die Grube und sah, wie die Körper zuckten oder die Köpfe schon still auf den vor ihnen liegenden Körpern lagen. Von den Nacken rann Blut. Ich wunderte mich, daß ich nicht fortgewiesen wurde... Schon kam die nächste Gruppe heran, stieg in die Grube hinab, reihte sich an die vorherigen Opfer an und wurde erschossen... [16].«

Im Rahmen dieser »ungeordneten« Vernichtung traten an die Stelle der Erschießungen häufig Gasautos. Wir haben die Gaskammern der Euthanasie bereits als erste technische Grundlage der Massenausrottungen durch Gas erwähnt, die vor 1942 begannen; die Gasautos bildeten die zweite Grundlage.

Bei diesen Lastwagen wurden die Auspuffgase in den hinteren Teil des Fahrzeugs hineingeleitet, in denen die Opfer eingeschlossen worden waren. Diese Wagen begleiteten die »Einsatzgruppen«, oder sie wurden in einem Gebiet mit starkem jüdischem Bevölkerungsanteil aufgestellt und bildeten dort eine Art rudimentäres Vernichtungslager. Mit Hilfe von drei Lastwagen dieser Art tötete Gauleiter Greiser vom Wartheland im Gebiet von Chelmno im Jahr 1941 den größten Teil der 100 000 Juden, die seiner Kontrolle unterstellt waren.

Anfang 1942 war der Gesamtplan für die Ausrottung der Juden fertig. Die »ungeordneten« Vernichtungen wurden durch eine systematische und planmäßige Ermordung ersetzt. Am 20. Januar 1942 legte Heydrich seinen Plan auf der sogenannten Wannsee-Besprechung vor, zu der hohe Beamte der wichtigsten Reichsministerien (darunter Justiz, Inneres und Auswärtiges) sowie Mitglieder der Reichskanzlei und hohe SS-Offiziere zusammengekommen waren:

»Im Zuge dieser Endlösung der europäischen Judenfrage kommen rund 11 Millionen Juden in Betracht...

Unter entsprechender Leitung sollen im Zuge der Endlösung die Juden in geeigneter Weise im Osten zum Arbeitseinsatz kommen... wobei zweifellos ein Großteil durch natürliche Verminderung ausfallen wird. Der allfällig endlich verbleibende Restbestand wird, da es sich bei diesen zweifellos um den widerstandsfähigsten Teil handelt, entsprechend behandelt werden müssen, da dieser, eine natürliche Auslese darstellend, bei Freilassung als Keimzelle eines neuen jüdischen Aufbaues anzusprechen ist...[17].«

Im Rahmen der systematischen Vernichtung errichteten die Nazis aufgrund ihrer früher mit Gas gemachten Erfahrungen (Euthanasie und Gasautos) eigene Lager, die mit Gaskammern ausgestattet wurden, von denen einige eine »Kapazität« von fast 15000 Menschen je Tag aufwiesen.

Im Frühjahr 1942 erhielt Polizeikommissar Wirth, dessen Tätigkeit bei der Euthanasie wir schon beschrieben haben, den Befehl, sich Gruppenführer Globocnik in Lublin für die Indienststellung der ersten Lager dieser Art zur Verfügung zu halten. Bald waren vier Vernichtungszentren auf dem Gebiet des Generalgouvernements – des mittleren und östlichen Teils des früheren Polen – in Betrieb: Belzec, Sobibor, Treblinka und Lublin (Maidanek). Das verwendete Gas war noch immer Kohlenoxyd, das wie bei den Spezialwagen von Dieselmotoren in die Kammern geleitet wurde. Vervollkommnungen boten sich an. Und hier finden wir nun den SS-Sturmführer Kurt Gerstein wieder, der mittlerweile als Abteilungsleiter Gesundheitstechnik den ganzen technischen Desinfektionsdienst einschließlich der Desinfektion mit hochgiftigen Gasen in der SS leitete.

»In dieser Eigenschaft erhielt ich am 8. Juni 1942 Besuch von dem mir bis dahin unbekannten SS-Sturmbannführer Günther vom Reichssicherheitshauptamt... Günther kam in Zivil. Er gab mir den Auftrag, für eine äußerst geheime Angelegenheit 100 kg Blausäure zu beschaffen und mit dieser mit einem Auto zu einem unbekannten Ort zu fahren, der nur dem Fahrer des Wagens bekannt sei. Wir fuhren alsdann einige Wochen später nach Collin bei Prag.

Ich konnte mir ungefähr die Art des Auftrages denken. Aber ich übernahm ihn. Selbst heute glaube ich noch, daß mir ein Zufall, der seltsam der Vorsehung ähnelt, die lange ersehnte Gelegenheit gab, in diese Dinge hineinzuschauen. Unter den Hunderten von anderen Tätigkeiten, die möglich gewesen wären, wurde ich mit der Mission beauftragt, die dem Gebiet, das mich interessierte, am nächsten war.

Das wirkte um so unwahrscheinlicher, als ich in der Vergangenheit mehrmals von der Gestapo für antinazistische Betätigung eingesperrt worden war. Meine Vorgesetzten wußten es, da mich die Partei bei ihnen denunziert hatte. Tatsächlich hatten der Nachrichtendienst und das Reichssicherheitshauptamt derartig geschlafen, und sie haben den falschen Mann gewählt.

Dennoch habe ich, den Befehlen gemäß, meinen Auftrag völlig geheimgehalten, selbst in meiner Dienststelle. Hätte ich zu irgend jemand auch nur irgend etwas gesagt, wäre ich bestimmt nach schrecklichen Foltern getötet und meine Familie hingerichtet worden.

Als Sachverständiger für Blausäure war ich so autoritär und kompetent, daß es mir auf jeden Fall ein leichtes sein mußte, die Blausäure unter irgendeinem Vorwand als untauglich – weil zersetzt oder dergleichen – zu bezeichnen und ihre Anwendung für den eigentlichen Tötungszweck zu verhindern. Ich nahm also ohne die geringsten Skrupel den Auftrag an, der mir erteilt worden war. Jeder andere hätte ihn in dem von der SS gewünschten Sinn erfüllt. Ich dagegen konnte die Verwendung der Blausäure für die Tötung von Menschen verhindern. Von diesem Augenblick an trug ich ständig Gift und eine geladene Pistole bei mir, um mich selbst zu töten, falls meine wahren Gefühle entdeckt werden sollten.

Auf dem Weg nach Collin wurden wir von SS-Obersturmbannführer Professor Dr. med. Pfannenstiel begleitet, der Ordinarius der Hygiene an der Universität Marburg a. d. Lahn war [18].

In der Fabrik in Collin ließ ich absichtlich durchblicken, daß die Säure für die Tötung von Menschen bestimmt sei. Das tat ich, um Gerüchte unter der Bevölkerung auszustreuen [19].«

Als Kurt Gerstein am 10. Juli 1945 von Major Mattei vom Zweiten Militärgerichtshof in Paris vernommen wurde, gab er die folgenden zusätzlichen Erklärungen über die Art seines Auftrags ab:

Mattei: Aus welchem Grund wurden gerade Sie ausgewählt, die Blausäure von einem polnischen Gebiet zum andern zu befördern, obwohl Sie doch in Berlin stationiert waren?

Gerstein: Ich glaube, daß das ein reiner Zufall war. Mein Name war einem Offizier der chemischen Abteilung genannt worden, an den sich die Behörde, d. h. Günther, gewendet hatte.

M: Aus welchem Grund hielten es die Behörden für notwendig, einen Offizier von Berlin nach Collin (Tschechoslowakei) zu schicken, nur um die Lieferung von Blausäure zu übernehmen und sie nach Belzec in Polen zu befördern, obwohl es doch viel einfacher gewesen wäre, darum einen Offizier zu bitten, der sich bereits in der Tschechoslowakei oder in Polen befand?

G: Ich wurde als Spezialist auf dem Gebiet der Desinfektion mit Blausäure betrachtet.

M: Haben Sie für diesen Auftrag einen schriftlichen oder einen mündlichen Befehl erhalten, und wie war er formuliert?

G: Ich erhielt für den Auftrag einen mündlichen Befehl, der mir achtundvierzig Stunden später durch schriftlichen Befehl bestätigt wurde. Die Formulierungen des schriftlichen Befehls waren etwa die folgenden: Ich befehle Ihnen, sich 260 kg Blausäure zu beschaffen und sie an einen Ort zu bringen, der Ihnen von dem Fahrer des Wagens Nr.... angegeben wird, der für diesen Auftrag benutzt wird.

Collin suchte ich mir selbst aus, weil ich wußte, daß die

Blausäure dort auf die gleiche Weise wie in Dessau hergestellt wird[20].

Nehmen wir den Gerstein-Bericht wieder auf:

»Wir fuhren alsdann mit dem Wagen nach Lublin (Polen), wo uns der SS-Gruppenführer Globocnik erwartete. Er sagte uns: ›Diese ganze Angelegenheit ist eine der geheimsten Sachen, die es zurzeit überhaupt gibt, man kann sagen die geheimste. Wer darüber spricht, wird auf der Stelle erschossen. Erst gestern sind zwei Schwätzer erschossen worden.‹ Dann erklärte er uns: ›Im Augenblick – das war am 17. August 1942 – haben wir drei Anstalten in Betrieb, nämlich

1. Belzec, an der Chaussee und Bahnstrecke Lublin–Lemberg, an der Schnittlinie mit der Demarkationslinie mit Rußland. Höchstleistung pro Tag 15 000 Personen.

2. Treblinka, 120 Kilometer nordöstlich von Warschau, Höchstleistung 25 000 Personen pro Tag.

3. Sobibor, auch in Polen, ich weiß nicht genau wo. 20 000 Personen Höchstleistung pro Tag.‹

Maidanek bei Lublin war damals noch in Vorbereitung.

Belzec, Treblinka und Maidanek habe ich persönlich eingehend mit dem Leiter dieser Anstalten, dem Polizeihauptmann Wirth, zusammen besichtigt.

Globocnik wendete sich ausschließlich an mich und sagte: ›Es ist Ihre Aufgabe, insbesondere die Desinfektion des sehr umfangreichen Textilgutes durchzuführen. Die ganze Spinnstoffsammlung ist doch nur durchgeführt worden, um die Herkunft des Bekleidungsmaterials für die Ostarbeiter usw. zu erklären und als Ergebnis des Opfers des deutschen Volkes darzustellen. In Wirklichkeit ist das Aufkommen unserer Anstalten das 10- bis 20fache der ganzen Spinnstoffsammlung... Ihre andere noch weit wichtigere Aufgabe ist die Umstellung unserer Gaskammern, die jetzt mit

Dieselauspuffgasen arbeiten, auf eine bessere und schnellere Sache. Ich denke da vor allem an Blausäure. Vorgestern waren der Führer und Himmler hier. Auf ihre Anweisung muß ich Sie persönlich dorthin bringen, ich soll niemand schriftliche Bescheinigungen und Einlaßkarten ausstellen.‹ Darauf fragte Pfannenstiel: ›Was hat denn der Führer gesagt?‹ Globocnik: ›Schneller, schneller die ganze Aktion durchführen.‹ Sein Begleiter, der Ministerialrat Dr. Herbert Lindner [21], hat dann gefragt: ›Herr Globocnik, halten Sie es für gut und richtig, die ganzen Leichen zu vergraben, anstatt sie zu verbrennen? Nach uns könnte eine Generation kommen, die das Ganze nicht versteht!‹ Darauf Globocnik: ›Meine Herren, wenn je nach uns eine Generation kommen sollte, die so schlapp und so knochenweich ist, daß sie unsere große Aufgabe nicht versteht, dann allerdings ist der ganze Nationalsozialismus umsonst gewesen. Ich bin im Gegenteil der Ansicht, daß man Bronzetafeln versenken sollte, auf denen festgehalten ist, daß wir den Mut gehabt haben, dieses große und so notwendige Werk durchzuführen.‹ Darauf der Führer: ›Gut, Globocnik, das ist allerdings auch meine Ansicht!‹

Später hat sich die andere Ansicht durchgesetzt. Die Leichen sind dann auf großen Rosten, die aus Eisenbahnschienen improvisiert wurden, verbrannt worden unter Zuhilfenahme von Benzin und Dieselöl.

Am anderen Tage fuhren wir nach Belzec. Ein kleiner Spezialbahnhof war zu diesem Zweck an einem Hügel hart nördlich der Chaussee Lublin–Lemberg im linken Winkel der Demarkationslinie geschaffen worden. Südlich der Chaussee einige Häuser mit der Inschrift ›Sonderkommando Belzec der Waffen-SS‹. Da der eigentliche Chef der gesamten Tötungsanlagen, der Polizeihauptmann Wirth, noch nicht da war, stellte Globocnik mich dem SS-Hauptsturmführer Obermeyer[22] (aus Pirmasens) vor. Dieser ließ mich an jenem Nachmittag nur das sehen, was er mir eben zeigen mußte. Ich sah an diesem Tage keine Toten, nur der Geruch der ganzen Gegend im heißen August war pestilenzartig, und Millionen von Fliegen waren überall zugegen. Dicht bei dem kleinen zweigleisigen Bahnhof war eine große Baracke, die sogenannte Garderobe, mit einem großen Wertsachenschalter. Dann folgte ein Zimmer mit etwa 100 Stühlen, der Friseurraum. Dann eine kleine Allee im Freien unter Birken, rechts und links von doppeltem Stacheldraht umsäumt, mit Inschriften: ›Zu den Inhalier- und Baderäumen!‹ Vor uns eine Art Badehaus mit Geranien, dann ein Treppchen, und dann rechts und links je Räume 5 × 5 Meter ... Auf dem Dach als ›sinniger kleiner Scherz‹ der Davidstern! Vor dem Bauwerk eine Inschrift: ›Heckenholt-Stiftung‹. Mehr habe ich an jenem Nachmittag nicht sehen können.

Am anderen Morgen um kurz vor sieben Uhr kündigt man mir an: ›In zehn Minuten kommt der erste Transport!‹ Tatsächlich kam nach einigen Minuten der erste Zug von Lemberg aus an. 45 Waggons mit 6 700 Menschen, von denen 1 450 schon tot waren bei ihrer Ankunft. Hinter den vergitterten Luken schauten, entsetzlich bleich und ängstlich, Kinder durch, die Augen voller Todesangst, ferner Männer und Frauen. Der Zug fährt ein: 200 Ukrainer reißen die Türen auf und peitschen die Leute mit ihren Lederpeitschen aus den Waggons heraus. Ein großer Lautsprecher gibt die weiteren Anweisungen: sich ganz ausziehen, auch Prothesen, Brillen usw. Die Wertsachen am Schalter abgeben, ohne Bons oder Quittung. Die Schuhe sorgfältig zusammenbinden (wegen der Spinnstoffsammlung), denn in dem Haufen von reichlich 25 Meter Höhe hätte sonst niemand die zugehörigen Schuhe wieder zusammenfinden können. Dann die Frauen und Mädchen zum Friseur, der mit zwei, drei Scherenschlägen die ganzen Haare abschneidet und sie in Kartoffelsäcken verschwinden läßt. ›Das ist für irgendwelche Spezialzwecke für die U-Boote bestimmt, für Dichtungen oder dergleichen‹, sagt mir der SS-Unterscharführer, der dort Dienst tut[23].

Dann setzt sich der Zug in Bewegung. Voran ein bildhübsches junges Mädchen, so gehen sie die Allee entlang, alle nackt, Männer, Frauen, Kinder, ohne Prothesen. Ich selbst stehe mit dem Hauptmann Wirth oben auf der Rampe zwischen den Kammern. Mütter mit ihren Säuglingen an der Brust, sie kommen herauf, zögern, treten ein in die Todeskammern! An der Ecke steht ein starker SS-Mann, der mit pastoraler Stimme zu den Armen sagt: ›Es passiert euch nicht das geringste! Ihr müßt nur in den Kammern tief Atem holen, das weitet die Lungen, diese Inhalation ist notwendig wegen der Krankheiten und Seuchen.‹ Auf die Frage, was mit ihnen geschehen werde, antwortet er: ›Ja, natürlich, die Männer müssen arbeiten, Häuser und Chausseen bauen, aber die Frauen brauchen nicht zu arbeiten. Nur wenn sie wollen, können sie im Haushalt oder in der Küche mithelfen.‹ Für einige von diesen Armen ein kleiner Hoffnungsschimmer, der ausreicht, daß sie ohne Widerstand die paar Schritte zu den Kammern gehen – die Mehrzahl weiß Bescheid, der Geruch kündet ihnen ihr Los! So steigen sie die kleine Treppe herauf, und dann sehen sie alles. Mütter mit Kindern an der Brust, kleine nackte Kinder, Erwachsene, Männer und Frauen, alle nackt – sie zögern, aber sie treten in die Todeskammern, von den anderen hinter ihnen vorgetrieben oder von den Lederpeitschen der SS getrieben. Die Mehrzahl, ohne ein Wort zu sagen. Eine Jüdin von etwa 40 Jahren mit flammenden Augen ruft das Blut, das hier vergossen wird, über die Mörder.

Sie erhält 5 oder 6 Schläge mit der Reitpeitsche ins Gesicht, vom Hauptmann Wirth persönlich, dann verschwindet auch sie in der Kammer. Viele Menschen beten, andere fragen: ›Wer wird uns das Totenwasser reichen?‹

Ich bete mit ihnen, ich drücke mich in eine Ecke und schreie laut zu meinem und ihrem Gott. Wie gern wäre ich mit ihnen in die Kammern gegangen, wie gern wäre ich ihren Tod mit gestorben. Sie hätten dann einen uniformierten SS-Offizier in ihren Kammern gefunden – die Sache wäre als Unglücksfall aufgefaßt und behandelt worden und sang- und klanglos verschollen. Noch also darf ich nicht, ich muß noch zuvor künden, was ich hier erlebe! Wirth hatte mir gesagt: ›Es gibt nicht zehn lebende Menschen, die so viel wie Sie gesehen haben oder sehen werden.‹ Alle ausländischen Hilfsmannschaften werden am Ende erschossen. Ich bin einer der wenigen Menschen, die die ganze Einrichtung gesehen haben, und bestimmt der einzige, der diese Mörderbande als Feind besucht hat.

Die Kammern füllen sich. Gut vollpacken – so hat es der Hauptmann Wirth befohlen. Die Menschen stehen einander auf den Füßen. 700–800 auf 25 Quadratmetern, in 45 Kubikmetern! Die SS zwängt sie physisch zusammen, soweit es überhaupt geht. Die Türen schließen sich. Währenddessen warten die andern draußen im Freien, nackt. Man sagt mir: ›Auch im Winter genauso!‹ – ›Ja, aber sie können sich ja den Tod holen!‹ sagte ich. – ›Ja, grad for das sinne se ja doh!‹ sagt mir ein SS-Mann darauf in seinem Platt. Jetzt endlich verstehe ich auch, warum die ganze Einrichtung Heckenholt-Stiftung heißt. Heckenholt ist der Chauffeur des Dieselmotors, ein kleiner Techniker, gleichzeitig der Erbauer der Anlage. Mit den Dieselauspuffgasen sollen die Menschen zu Tode gebracht werden. Aber der Diesel funktioniert nicht! Der Hauptmann Wirth kommt.

Man sieht, es ist ihm peinlich, daß das gerade heute passieren muß, wo ich hier bin. Jawohl, ich sehe alles! Und ich warte. Meine Stoppuhr hat alles brav registriert. 50 Minuten, 70 Minuten – der Diesel springt nicht an! Die Menschen warten in ihren Gaskammern. Vergeblich. Man hört sie weinen, schluchzen ›wie in der Synagoge‹, sagte Professor Pfannenstiel, das Auge an das Fenster gepreßt, das in der hölzernen Tür angebracht ist[24]. Der Hauptmann Wirth schlägt mit seiner Reitpeitsche dem Ukrainer, der dem Unterscharführer Heckenholt beim Diesel helfen soll, 12- bis 13mal ins Gesicht. Nach 2 Stunden 49 Minuten – die Stoppuhr hat alles wohl registriert – springt der Diesel an. Bis zu diesem Augenblick leben die Menschen in diesen vier Kammern, viermal 750 Menschen in viermal 45 Kubikmetern! Von neuem verstreichen 25 Minuten. Richtig, viele sind jetzt tot. Man sieht das durch das kleine Fensterchen, in dem das elektrische Licht die Kammer einen Augenblick beleuchtet. Nach 28 Minuten leben nur noch wenige. Endlich, nach 32 Minuten ist alles tot!

Von der anderen Seite öffnen Männer vom Arbeitskommando die Holztüren. Man hat ihnen – selbst Juden – die Freiheit versprochen und einen gewissen Promillesatz von allen gefundenen Werten für ihren schrecklichen Dienst. Wie Basaltsäulen stehen die Toten aufrecht aneinander gepreßt in den Kammern. Es wäre auch kein Platz, hinzufallen oder auch nur sich vornüber zu neigen. Selbst im Tode noch kennt man die Familien. Sie drücken sich, im Tode verkrampft, noch die Hände, so daß man Mühe hat, sie auseinanderzureißen, um die Kammern für die nächste Charge freizumachen. Man wirft die Leichen – naß von Schweiß und Urin, kotbeschmutzt, Menstruationsblut an den Beinen, heraus. Kinderleichen fliegen durch die Luft. Man hat keine Zeit, die Reitpeitschen der Ukrainer sausen auf die Arbeitskommandos. Zwei Dutzend Arbeiter öffnen mit Haken den Mund und sehen nach Gold. ›Gold links, ohne Gold rechts!‹ Andere brechen mit Zangen und Hämmern die Goldzähne und Kronen aus den Kiefern.

Einige Arbeiter kontrollieren Genitalien und After nach Gold, Brillanten und Wertsachen. Unter allen springt der Hauptmann Wirth herum. Er ist in seinem Element. Er ruft mich heran: ›Heben Sie mal diese Konservenbüchse mit Goldzähnen, das ist nur von gestern und vorgestern!‹ In einer unglaublich gewöhnlichen und falschen Sprechweise sagt er zu mir: ›Sie glauben gar nicht, was wir jeden Tag finden an Gold und Brillanten und Dollar. Aber schauen Sie selbst!‹ Und nun führte er mich zu einem Juwelier, der alle diese Schätze zu verwalten hatte, und ließ mich dies alles sehen. Man zeigte mir dann noch einen früheren Chef des Kaufhauses des Westens in Berlin und einen Geiger: ›Das ist ein Hauptmann von der alten Kaiserlich-Königlich österreichischen Armee, Ritter des Eisernen Kreuzes I. Klasse, der jetzt Lagerältester beim jüdischen Arbeitskommando ist!‹

Die nackten Leichen wurden auf Holztragen nur wenige Meter weit in Gruben von 100 × 20 × 12 Meter geschleppt. Nach einigen Tagen gärten die Leichen hoch und fielen alsdann kurze Zeit später stark zusammen, so daß man eine neue Schicht auf dieselben draufwerfen konnte. Weder in Belzec noch in Treblinka hat man sich irgendeine Mühe gegeben, die Getöteten zu registrieren oder zu zählen. Die Zahlen waren nur Schätzungen nach dem Waggoninhalt. Die von der BBC angegebenen Zahlen sind nicht richtig; in Wirklichkeit handelt es sich im ganzen um 25 000 000 Menschen! Nicht nur Juden, sondern auch nach Ansicht der Nazis ›biologisch wertlose‹ Polen und Tschechen. Die meisten sind namenlose Tote. Gruppen von angeblichen Ärzten, einfach junge SS-Männer in weißen Kitteln, fahren in Personenwagen durch die Dörfer und Städte Polens und der Tschechoslowakei, um die Alten, die Schwindsüchtigen und die Kranken zu bezeichnen, die einige Zeit später in den Gaskammern vernichtet wurden. Das waren die Polen und die Tschechen der ›Kategorie III‹, die nicht würdig zu leben waren, weil sie nicht mehr arbeiten konnten.

Der Hauptmann Wirth bat mich, in Berlin keine Änderungen seiner Anlagen vorzuschlagen und alles so zu lassen, wie es wäre und sich bestens eingespielt und bewährt habe. Ich sagte wahrheitswidrig, daß die Blausäure sich durch den Transport bereits zersetzt habe und sehr gefährlich sei; deshalb müsse ich sie vergraben, was ich sofort tat.

Am anderen Tage – dem 19. August 1942 – fuhren wir mit dem Auto des Hauptmanns Wirth nach Treblinka, 120 Kilometer NNO von Warschau. Die Einrichtung war etwa dieselbe, nur viel größer als in Belzec. Acht Gaskammern und wahre Gebirge von Koffern, Textilien und Wäsche. Zu unseren Ehren wurde im Gemeinschaftssaal im typisch Himmlerschen altdeutschen Stil ein Bankett gegeben. Der Obersturmbannführer Professor Dr. med. Pfannenstiel, Ordinarius der Hygiene an der Universität Marburg an der Lahn, hielt eine Ansprache: ›Euer Werk ist ein großes Werk und eine sehr nützliche und notwendige Aufgabe.‹ Mir gegenüber bezeichnete er diese Anlage als ›eine Wohltat und eine menschliche Sache‹. Zu allen: ›Wenn man die Leichen der Juden sieht, begreift man die Größe eurer Aufgabe!‹

Das Essen war einfach, aber es stand alles in jeder Menge zur Verfügung. Himmler hatte selbst angeordnet, daß die Männer dieser Kommandos soviel Fleisch, Butter und sonstiges erhielten, insbesondere Alkohol, wie sie wollten. Bei der Abfahrt bot man uns mehrere Kilo Butter und eine große Anzahl von Flaschen Alkohol an. Nicht ohne Mühe wies ich das Angebot zurück und sagte, daß ich von unserem Hof ausreichend verpflegt würde. Aus diesem Grunde nahm Pfannenstiel auch meinen Anteil noch. Wir fuhren dann mit dem Auto nach Warschau [25].«

Unter den nach Gersteins Tod aufgefundenen Papieren lag noch ein weiterer Bericht über Belzec in französischer Sprache, der hier ohne jede Veränderung wiedergegeben wird:

»In Belzec war der Wettbewerb schrecklich, den man unter den Männern und Jungen beim Kleidertransport entfachte. Ich denke noch an den kleinen jüdischen Jungen von drei, vier Jahren, der die Bindfäden austeilen mußte, mit denen die Schuhe zusammengebunden wurden: Selbst dieses Kind wurde, ohne es zu wissen, für diese schreckliche Mordmaschine Hitlers und Wirths mißbraucht. Oder ich denke an ein kleines Mädchen von fünf Jahren, das – völlig nackt – eine kleine Korallenkette vergessen hatte, die einige Minuten später (einen Meter vor den Gaskammern) ein kleiner Junge von drei Jahren fand und sich daran freute; er betrachtete sie und wurde – im nächsten Augenblick – in die Kammer geworfen. Obermeyer erzählte mir: ›In einem Dorf hier in der Nähe habe ich einen Juden aus meiner Vaterstadt Pirmasens gefunden. Im Krieg von 14/18 war er Feldwebel, ein sehr ehrenwerter Mann. Als Kinder haben wir zusammen gespielt. Er hat mir sogar einmal das Leben gerettet, als ich in Gefahr war, überfahren zu werden. Diesen Mann und seine Frau werde ich in mein Arbeitskommando nehmen!‹ ... Als ich ihn fragte, was er nachher mit diesen Menschen tun werde, erwiderte er ganz erstaunt: ›Was aus ihm werden soll? Dasselbe wie aus allen anderen, in diesen Dingen gibt es keine andere Möglichkeit – aber vielleicht werde ich sie erschießen!‹ [26]«

Kurt Gerstein noch während seiner Grundausbildungszeit im April 1941 in der Uniform eines Soldaten der Waffen-SS

Die Familie Kurt Gersteins im Sommer 1944: Frau Gerstein und ihre drei Kinder Arnolf, Adelheid und Olaf *(oben links)*. *Das Bild darunter* zeigt das Brautpaar Gerstein nach der kirchlichen Trauung in Bad Saarow bei Berlin am 2. November 1937. Die Trauung wurde von Bischof Dr. Otto Dibelius (dritter von rechts) vollzogen.

Auf seinen Beruf als Bergbauingenieur hatte sich Kurt Gerstein durch Studium und Praktikum vorbereitet. *Das Bild auf der linken Seite oben rechts* zeigt ihn während seiner Marburger Studienzeit 1926, *das Bild oben* in Bergmannskleidung in Berchum 1928. Nach 1933 begann er auch noch das Studium der Medizin.

Der Gedenkstein auf der Grabstätte der Familie Gerstein auf dem Buschey-Friedhof in Hagen. Das Grab Gersteins auf dem Friedhof Thiais wurde 1956 eingeebnet.

Über die Wahrhaftigkeit des Gerstein-Berichts bestehen heute keine Zweifel mehr. Zahlreiche Einzelheiten bestätigen »die unbedingte Zuverlässigkeit dieses dantesken Berichts«[27]. Ebenso wäre, wie Poliakov und Wulf erklären, der Satz des Unterscharführers, der Gerstein mitteilte, daß das Frauenhaar »für irgendwelche Spezialzwecke für die U-Boote bestimmt« sei, schwer zu erfinden. Nun ist diese Einzelheit unbedingt richtig, wie das folgende Dokument vom 6. August 1942 beweist, das aus dem Wirtschafts- und Verwaltungshauptamt der SS stammt:

»Der Chef des WVHA, SS-Obergruppenführer Pohl hat befohlen, in allen Konzentrationslagern für die Verwendung menschlicher Haare zu sorgen. Die Menschenhaare werden nach Verspinnung zu Filz verarbeitet. Entfärbt und abgeschnitten, lassen sich *Frauenhaare zu Pantoffeln für die U-Bootbesatzungen und zu Filzstrümpfen für die Reichsbahn* verarbeiten[28].«

Globocnik soll sich am Ende des Krieges selbst getötet haben, Wirth von Partisanen erschossen worden sein. Weder der eine noch der andere sind wieder aufgefunden worden. Gerstein ist tot. Abgesehen von Oberhauser ist nur ein einziger von den Menschen, die laut Gerstein bei den ›Ausrottungen‹ in Belzec an jenem Augusttag anwesend waren, noch am Leben und in Freiheit: Professor Pfannenstiel. Hier folgen zwei Auszüge aus seinen Aussagen über die Ereignisse, mit denen er in Verbindung gestanden haben soll, und über die Äußerungen, die Gerstein ihm zuschreibt. Die erste Aussage stammt aus dem Juni 1950:

»Ich bin von Haus aus Hygieniker und war während des Krieges auch als solcher eingesetzt. Wo Entwesungen durchgeführt wurden, wurde ich gelegentlich zugezogen. Daß bei diesen Entwesungen Blausäure und zwar in flüssiger Form verwandt wurde, wußte ich damals bereits. Habe aber selbst während des Krieges nicht damit gearbeitet. Diese flüssige Form von Blausäure wurde auch Zyklon B genannt. Im Sommer 1942 erhielt ich nun als Hygieniker den Auftrag, nach Lublin zu fahren, um dort an Städtesanierungen (Trinkwasserversorgung und Abwasserbeseitigung) beratend mitzuarbeiten. Ich fuhr nach Berlin, um einen Wagen zu bekommen, da die Fahrt mit der Bahn damals schon zu viel Zeit in Anspruch genommen hätte. Ich konnte keinen Wagen bekommen. Es wurde mir gesagt, Dr. Gerstein führe auch nach Lublin, ich solle mich mit ihm in Verbindung setzen. Ich tat dies. Dr. Gerstein erklärte mir, er müsse über Prag fahren. Ich war damit einverstanden. Unserem Personenwagen folgte ein leerer Lastkraftwagen. Unterwegs erzählte mir Dr. Gerstein, daß er in einer Fabrik in Collin bei Prag Blausäure holen müsse. Wozu diese bestimmt sei, sagte er mir nicht. Ich habe auch nicht gefragt, weil ich als ganz selbstverständlich ansah, daß sie zur Entwesung sei, zumal ich wußte, daß Dr. Gerstein mit Entwesungsarbeiten beauftragt sei. In der Fabrik nun – es war ein kleines Unternehmen – erfuhr ich, daß es sich um gasförmige Blausäure handelt. Bis dahin wußte ich überhaupt noch nicht, daß es Blausäure in dieser Form gibt. Ich wurde aber gleichzeitig auf die Mängel der Blausäure in dieser Form hingewiesen: Zersetzung unter erheblich hohem Druck. Mit Dr. Gerstein bin ich dann zusammen nach Lublin gefahren. Unterwegs wurde, wie mir Dr. Gerstein später erzählte, eine Flasche undicht und mußte vergraben werden. In Lublin widmete ich mich den mir gestellten Aufgaben. Dabei erfuhr ich, daß sich in Belzec ein Lager befindet, in dem Juden umgebracht würden. Ich wollte dieses Lager sehen. Leiter des Lagers war ein gewisser Wirth. Eingerichtet war dieses Lager von dem SS-Polizeiführer, Brigadeführer und General der Polizei Globocnik. Diesen habe ich durch Dr.

Gerstein, der schon öfter in Lublin und Belzec war, kennengelernt. Mit ihm hatte ich auch dienstlich zu tun, da er mein Auftraggeber war. Ich bat, dieses Lager besichtigen zu dürfen. Globocnik, der sehr stolz auf seine Gründung war, gab die Erlaubnis. Globocnik brachte Gerstein und mich in das Lager.

Am nächsten Vormittag kam ein Transport mit jüdischen Männern, Frauen und einigen Kindern ...[29]. Sie mußten sich splitternackt ausziehen und ihre Habseligkeiten abgeben. Dabei wurde ihnen erklärt, sie würden in einen Arbeitsprozeß eingegliedert; um Seuchen zu verhüten, müßten sie entlaust werden. Auch müßten sie etwas einatmen. Der ganze Transport wurde darauf, nachdem den Frauen noch die Haare abgeschnitten waren, in ein Gebäude geführt, das 6 Kammern enthielt. Benötigt wurden damals m.W. nur 4 Kammern. Als die Menschen in die Kammern verschlossen waren, wurden die Abgase eines Motors in die Kammer geleitet. Gerstein stellte fest, daß es etwa 18 Minuten dauerte, bis in den Kammern alles ruhig war. Als die Juden in die Kammern geführt wurden, brannte darin elektrisches Licht, und es ging alles ruhig vor sich. Als jedoch das Licht ausgemacht wurde, erhob sich in den Kammern lautes Geschrei, das dann allmählich verstummte. Als Stille eingetreten war in den Kammern, wurden Türen an den Außenwänden geöffnet und die Leichen herausgebracht, untersucht auf Goldzähne und dann in einer Grube aufgeschichtet. Die Arbeit wurde wiederum von Juden ausgeführt. Ein Arzt war nicht zugegen. An den Leichen fiel mir nichts Besonderes auf. Einige waren im Gesicht bläulich angelaufen. Dies ist jedoch nicht auffallend, da es sich um einen Erstickungstod handelt. Am selben Tage bin ich, soviel ich mich erinnere, mit Dr. Gerstein wieder zurückgefahren nach Lublin.

Als Globocnik mir die Erlaubnis zur Besichtigung des Lagers gab, wies er mich darauf hin, daß ich mit keinem Menschen darüber sprechen dürfe, da die Todesstrafe darauf stände. Nach meiner Rückkehr nach Berlin habe ich dem Reichsarzt-SS Prof. Grawitz berichtet, was ich gesehen habe, und meinem Abscheu über das, was ich beobachtet hatte, Ausdruck gegeben. Er versicherte mir, er würde dafür sorgen, daß die Sache abgestellt würde. Was nun geschehen ist, weiß ich nicht.

Daß ich überhaupt darum gebeten habe, das Lager besichtigen zu dürfen, ist wohl auf eine gewisse Neugier zurückzuführen. *Ich wollte insbesondere feststellen, ob irgendwelche Grausamkeiten bei dieser Vernichtung von Menschen begangen würden. Eine Grausamkeit empfand ich insbesondere darin, daß die Tötung 18 Minuten in Anspruch nahm.* Das habe ich auch Globocnik gesagt. Er meinte darauf, mit Blausäure würde es wohl besser gehen. M. W. ist jedoch Blausäure nie benutzt worden, weil Gerstein ihn auf die Gefahren der gasförmigen Blausäure aufmerksam machte. Wenn ich recht unterrichtet bin, sind die Blausäureflaschen vergraben worden. Ich weiß, daß Dr. Gerstein eine wesentlich andere Schilderung dieser Vergasungsszene gibt. Diese Schilderung ist falsch. Sie ist voll von Übertreibungen. Kennzeichnend ist in dieser Hinsicht die Äußerung Gersteins, nach seiner Auffassung seien etwa 25 000 000 Menschen so behandelt worden. Wie er mir selbst damals gesagt hat, war er schon mehrmals im Lager Belzec gewesen. Es ist möglich, daß er auch Szenen beobachtet hat, wie er sie schildert, und daß er nun in seinem Bericht vom 26. April 1945 nicht mehr zwischen den einzelnen Besuchen unterscheidet, sondern einen zusammenfassenden Bericht gibt. So erwähnt er z. B. einen Sturmbannführer Günther, der mit uns gefahren sein soll. Wir sind jedoch alleine gefahren. Auch sonst ist der Bericht voller Unrichtigkeiten. Insbesondere bleibe ich dabei, daß ich nicht gesagt habe: ›Wie in einer Synagoge.‹ Selbst wenn ich eine derartige Bemerkung gemacht haben sollte, dann auf keinen Fall in dem von Gerstein angegebenen Sinn, d. h. in der Weise, daß ich mich lustig gemacht habe über die Todesqualen der Eingeschlossenen. Dazu war das ganze Geschehen doch zu fürchterlich.

In Treblinka bin ich nie gewesen. Auch insofern ist der Bericht Dr. Gersteins unrichtig. Ich habe das Gefühl, daß Dr. Gerstein mich belastet, weil er weiß, daß ich wohl der einzige lebende Zeuge bin, der über ihn und seine Tätigkeit bei der Verwendung von Blausäure aussagen kann. Ich nehme an, daß er mich ausschalten wollte[30].«

In seiner Zeugenaussage am 9. Januar 1951 in Marburg versucht Pfannenstiel vor allem, die Äußerungen zu präzisieren, die er vor den SS-Männern im Lager Belzec getan hat:

»... Ich hatte wohl einmal ein Gespräch mit den Mannschaften in Belzec. Ich muß sagen, daß das an sich keine üblen Leute waren, denn sie litten sichtlich unter ihrer Pflicht. Sie brachten auch mir gegenüber zum Ausdruck, daß sie unter allen Umständen abgelöst sein wollten... Bei einer solchen Unterhaltung kann gefallen sein, daß sie nur noch etwas aushalten sollten, ich wolle mich dafür verwenden, daß sie wegkämen. Dabei kann ich etwa gesagt haben, jeder müsse seinen Dienst machen... Es kann keine Rede davon sein, daß ich die Leute ermuntern wollte, an der Tötung von weiteren Tausenden von Menschen mitzuwirken. Das mußten sie so oder so. Es muß hier bemerkt werden, daß es sich bei diesen SS-Leuten um Bewachungsmannschaften handelte, die selbst an den Tötungen nicht teilnahmen. Die Handreichungen selbst wurden von dazu abgeordneten Juden vorgenommen (die das natürlich um deswillen taten, weil sie damit ihr eigenes Leben retten wollten)... Ich darf noch darauf hinweisen, daß in der Darstellung Gersteins gerade auch in diesem Punkt manches recht Merkwürdige enthalten ist. Wie könnte ich dort von ›Schönheit der Arbeit‹ gesprochen haben? Unwahr ist insbesondere auch, daß wir Butter und Likör mitbekommen hätten und daß ich den Anteil Gersteins erhalten hätte. In Polen bekam man Wodka auf Abschnitte ...[31].«

Die Aussagen des Professors Pfannenstiel können ohne Kommentare bleiben. Sie bestätigen, wie es scheint, den Gerstein-Bericht im wesentlichen.

Als Gerstein wieder in Warschau eingetroffen war, nahm er sofort den Zug nach Berlin.

Von nun an ist sein Ziel, die Welt zu alarmieren.

Ein Ruf ohne Widerhall

Dort traf Gerstein, als er vergeblich ein Schlafwagenbett zu erhalten versuchte, im Zuge den Sekretär der Schwedischen Gesandtschaft in Berlin, Baron von Otter. »Ich habe noch unter dem frischen Eindruck der entsetzlichen Erlebnisse diesem alles erzählt mit der Bitte, dies seiner Regierung und den Alliierten sofort zu berichten, da jeder Tag Verzögerung weiteren Tausenden und Zehntausenden das Leben kosten müsse. Er bat mich um eine Referenz, als welche ich ihm Herrn Generalsuperintendenten D. Otto Dibelius, Berlin, Brüderweg 2, Lichterfelde-West, angab, einen vertrauten Freund des Pfarrers Martin Niemöller und Mitglied der kirchlichen Widerstandsbewegung gegen den Nazismus. Ich traf dann Herrn von Otter noch zweimal in der Schwedischen Gesandtschaft. Er hatte inzwischen nach Stockholm berichtet und teilte mir mit, daß dieser Bericht erheblichen Einfluß auf die schwedisch-deutschen Beziehungen gehabt habe [1].«

Achtzehn Jahre später erinnerte sich Baron von Otter noch der Einzelheiten dieser Unterhaltung: Es war im D-Zug Warschau–Berlin Ende August 1942. Es war Nacht.

»So ein Schlafwagen war damals wie eine Leiche aus Eisen, Glas und Holz. Ich war in Warschau gewesen, um einen Landsmann zu besuchen, einen Kaufmann, der Kontakt mit der polnischen Widerstandsbewegung gehabt hatte und von der Gestapo verhaftet worden war. Er saß in Warschau im Gefängnis. Ich hatte keinen Schlafwagenplatz mehr bekommen – genau wie Gerstein –, und beide planten wir wohl, die Fahrt nach Berlin schlecht und recht im Gang durchzustehen.«

Gerstein, in SS-Uniform, war nervös. Der Schaffner hatte ihm gesagt, daß der Mann neben ihm schwedischer Diplomat sei. Gerstein versuchte mit allen Mitteln, mit ihm ins Gespräch zu kommen.

»Ich merkte, wie er mir zunickte«, erinnert sich Otter. »›Na, das wird ja eine schöne Reise ...‹ Ich baute ihm ganz bewußt eine Brücke. Ich bot ihm eine Zigarette an. Er dankte, gab Feuer und fragte im gleichen Atemzug, ob er mir eine schlimme Geschichte erzählen dürfe.«

Baron von Otter war skeptisch und vorsichtig. Man hatte häufig genug gehört, daß SS-Leute Ausländer provozierten. Gerstein machte keine Umschweife: Er habe grauenhafte Dinge gesehen. Er müsse unbedingt über Einzelheiten aus den Vernichtungslagern berichten.

»Geht es um die Juden?« fragte von Otter. »Ja, um die Juden, die im Osten umgebracht werden. Hier ist meine Identitätskarte. Hier sind Instruktionen des Lagerkommandanten, eine Bestellung für Blausäure. Glauben Sie mir bitte. Wenn Sie eine Referenz suchen, fragen Sie den Generalsuperintendenten Otto Dibelius ... Fragen Sie ihn nach Kurt Gerstein!«

»Gerstein war nur mit Mühe zu bewegen, leise zu sprechen ... Wir standen die ganze Nacht zusammen, 6 Stunden, vielleicht auch 8 Stunden. Und immer wieder sprach Gerstein von dem, was er erlebt hatte. Er schluchzte und schlug die Hände vors Gesicht. Ich dachte, er wird diese Gewissensqualen nicht mehr lange aushalten. Er wird sich verraten, und sie werden ihn verhaften ...«

Baron von Otter, damals 35 Jahre alt, nahm in Berlin Kontakt mit Otto Dibelius auf und verfaßte einen ausführlichen Bericht über sein Gespräch mit Gerstein. Er gab den Bericht an seine vorgesetzte Dienststelle weiter. Aber Schweden war daran interessiert, jede weitere Belastung der Beziehungen zu Deutschland zu vermeiden...

»Einige Monate nach der Nacht im Schlafwagen«, berichtet von Otter, »stand Gerstein plötzlich vor mir, als ich die Schwedische Botschaft in Berlin verließ. Er schien völlig verzweifelt zu sein und war kaum in der Lage, einen Satz zu sprechen. Er war völlig aufgelöst. Er fragte mich, was aus den Plänen geworden sei, die wir im D-Zug besprochen hätten. Ich berichtete Gerstein von meinen Bemühungen, Druck hinter den Bericht zu setzen, und hatte das Gefühl, daß ich ihn zu trösten vermochte und daß er neue Hoffnung schöpfte [2].«

Am 10. November 1949 bestätigte ein Schreiben des schwedischen Außenministeriums an das Zentrum für jüdische Dokumentation in Paris amtlich das Gespräch zwischen Gerstein und von Otter:

»Es trifft zu, daß Gerstein... bei einer Fahrt von Warschau nach Berlin ein Gespräch mit einem Angehörigen der damals in Berlin befindlichen schwedischen Gesandtschaft geführt hat, und zwar mit Baron von Otter, der im selben Zug reiste. Was sich bei dieser Gelegenheit ereignete, geht aus dem hier beiliegenden Aide-mémoire hervor, das am 7. August 1945 in London abgefaßt wurde und von der Gesandtschaft Schwedens in dieser Stadt dem britischen Außenminister für alle Maßnahmen überlassen worden ist, die er für notwendig erachten könnte.«

Der Text des Aide-mémoire lautet:

»Im August 1942 nahm Gerstein Beziehung zu einem Mitglied einer neutralen Botschaft in Berlin auf und erzählte folgende Geschichte:

Er kam von einem kurzen Auftrag im Vernichtungslager Belzec bei Lublin zurück und gab eine eingehende Beschreibung der Einrichtung dieses Lagers (Gaskammern, Rolle des SS-Personals, Sammeln von Golddepots usw.). Er zeigte verschiedene Papiere, seine Ausweise und Anweisungen des Lagerkommandanten, Blausäure zu liefern.

Gerstein erklärte, er versuche, diese Dinge den neutralen Beobachtern bekanntzumachen. Er sei fest überzeugt, daß das deutsche Volk, wenn es von diesen Ausrottungen erfahre und wenn ihm diese von neutralen Ausländern bestätigt würden, die Nazis nicht einen Tag länger dulden werde. Gerstein erklärte außerdem, daß er über diese Sache bereits mit einem hohen Kirchenführer, dem Generalsuperintendenten Dibelius, gesprochen habe. Das wurde danach von Dibelius selbst bestätigt, der sich für den Ernst und die Wahrhaftigkeit Gersteins verbürgte.

Die Gründe für Gersteins Einstellung wurden erst später bekannt. Er hatte sich niemals politisch betätigt, war kein Nazi und war nur mit der SS in Verbindung getreten, um sich in deren ›Hygiene-Abteilung‹ aufnehmen lassen zu können. Diese Sonderabteilung war mit der Einrichtung der Vernichtungslager beauftragt, und Gerstein wollte seinen Verdacht im Hinblick auf die außergewöhnlich erhöhte Sterblichkeitsquote in den Heil- und Pflegeanstalten bestätigt sehen, die in den Jahren 1941–1942 zu beobachten war. Eine nahe Verwandte Gersteins, die ihm sehr teuer war, war um diese Zeit ebenfalls in einer dieser Anstalten gestorben. Was er danach in den Konzentrationslagern mit ansah, bewies ihm, daß seine Vermutungen nur allzu berechtigt waren.

Sechs Monate später suchte Gerstein denselben ausländischen Diplomaten eines neutralen Landes abermals auf und fragte ihn, was dieser in der Zwischenzeit habe unternehmen können. Darauf hörte man nichts mehr von ihm.

Der Kummer und die Scham, die Gerstein im Hinblick

auf die Vernichtungslager empfand, erschienen ebenso aufrichtig wie tief, und sein Wunsch, den Abscheulichkeiten dadurch ein Ende zu machen, daß er sie der Außenwelt bekannt machte, wirkte ernst gemeint [3].«

Einer der ersten Menschen, denen Gerstein nach seiner Rückkehr aus Warschau begegnete, war sein Kollege bei den Desinfektionsarbeiten, der Ingenieur Armin Peters, der der Luftwaffe angehörte. Peters erklärte:

»Gerstein kam am Spätnachmittag von seiner Reise zurück und rief mich sofort in meiner Luftwaffen-Dienststelle an und bat mich um eine dringende persönliche Unterredung. Ich fuhr sofort nach Berlin und suchte ihn in seiner Wohnung, die sich damals in der Agricolastraße befand, auf. Gerstein war völlig erschöpft, von der Reise müde und hungrig, jedoch außerstande, irgend etwas zu sich zu nehmen oder gar auszuruhen. Vollkommen aus dem seelischen Gleichgewicht, schilderte er mir in allen Einzelheiten den genauen Hergang der Exekutionen sowie die Mittel, derer man sich hierzu bediente. Zum Schluß berichtete er mir, jetzt auch den wahren Hintergrund der damals anlaufenden Spinnstoffsammlung für Industriearbeiter entdeckt zu haben. Er bestand seiner Meinung nach darin, die in diesen Vernichtungslagern freiwerdenden Bekleidungsstücke der Opfer, auf diese Art und Weise als Sammlung getarnt, unter die Industriearbeiter verteilen zu können...

Es war weder für Gerstein noch für mich möglich, diese besagte Nacht auch nur ein Auge zuzutun, und so besprachen wir die neue Situation und das, was hier von uns aus getan werden könnte. Wir kamen überein, diese Tatsachen um der Wahrheit willen zunächst von Mann zu Mann weiterzutragen... [4].«

»Ich versuchte, in gleicher Sache dem Päpstlichen Nuntius in Berlin Bericht zu erstatten. Dort wurde ich gefragt, ob ich Soldat sei. Daraufhin wurde jede weitere Unterhaltung mit mir abgelehnt, und ich wurde zum Verlassen der Botschaft seiner Heiligkeit aufgefordert. Ich berichte das, um zu zeigen, wie schwer es selbst für einen Deutschen ist, der ein erbitterter Feind der Nazis war, Wege zu finden, diese verbrecherische Regierung in Mißkredit zu bringen.

Beim Verlassen der Päpstlichen Botschaft wurde ich von einem Polizisten mit dem Rade verfolgt, der kurz an mir vorbeifuhr, abstieg, mich dann aber völlig unbegreiflicherweise laufen ließ. Ich machte einige Minuten intensivster Verzweiflung durch und hatte bereits die Pistole aus der Tasche gezogen und mich auf den Selbstmord vorbereitet.

Ich habe dann alles dies Hunderten von Persönlichkeiten berichtet, u. a. dem Syndikus des katholischen Bischofs von Berlin, Herrn Dr. Winter, mit der ausdrücklichen Bitte um Weitergabe an den päpstlichen Stuhl. Weiterhin gehörten dazu die Familie Niemöller, der Presseattaché der Schweizer Gesandtschaft in Berlin, Dr. Hochstrasser, D. Dibelius und viele andere. Auf diese Weise wurden Tausende von Menschen unterrichtet ...[5].«

Am 25. März 1965 bestätigte Paul Hochstrasser in einem Brief an Randolph Braumann vom *Rheinischen Merkur* sein Gespräch mit Gerstein:

»Die Aussprache mit dem SS-Offizier Gerstein hat auch tatsächlich stattgefunden, und die Gesandtschaft hat natürlich darüber nach Bern berichtet ... die Aussprache mit mir fand im Juni 1944 in Berlin statt[6].«

Trotz der Todesgefahr, die das mit sich brachte, hörte Gerstein nicht auf, über das zu berichten, was er gesehen hatte.

»... Gegen Ende September«, schreibt Helmut Franz,

der sich gerade von einer Verwundung erholte, »als ich schon wieder gehfähig war und einen Wochenendurlaub einholen konnte, besuchte ich ihn in Berlin. Inzwischen war das Schreckliche passiert ... Er berichtete mir alles mit allen Einzelheiten ... Er war natürlich durch und durch aufgewühlt. Und doch war sein seelischer Zustand jetzt ein ganz anderer als noch wenige Monate zuvor. An die Stelle des pessimistisch-verzweifelten und im Gefühl lähmender Ungewißheit planlos umherirrenden Menschen war jetzt ein Mann getreten, der bei aller Entsetztheit über das Gesehene doch von einem unbändigen Auftragsbewußtsein in einer ungeheuren historischen Situation erfüllt war ... Sein Haß und Widerstandswille war jetzt grenzenlos geworden und beflügelte ihn in geradezu übermenschlicher Weise. Er kannte von nun an überhaupt gar kein anderes Thema als diese seine Sache [7].«

Andere Zeugen sprechen von einem stärker beunruhigten, heftiger gemarterten Gerstein, so Otto Völckers:

»Etwa 1941, spätestens 1942, besuchte mich Gerstein wieder einmal in München; jetzt machte er einen sehr veränderten, einen gealterten und gewissermaßen verstörten Eindruck – der auch meiner Frau sofort auffiel –, und er hatte offensichtlich Schweres auf dem Herzen. Nach kurzem Gespräch kam er damit heraus, daß er gerade aus Polen zurückgekommen sei, wo er in dienstlichem Auftrag eine Vernichtungsanlage ... habe inspizieren müssen.

Mit abgründigem Abscheu und grimmigem Zorn schilderte er mir aufs genaueste Einrichtung und Betrieb dieser Anstalt ... Diese Mitteilung, namentlich in größter Ausführlichkeit, an mich bedeutete an sich wohl schon Hochverrat ...«

Danach berichtete Gerstein von seiner Begegnung mit von Otter.

»Er habe Otter gebeten«, fährt Völckers fort, »diese Tatsachen dem König von Schweden zu übermitteln und ferner womöglich zu veranlassen, daß die britische Air Force bei Luftangriffen Massenflugblätter mit Tatsachenberichten zur Aufklärung des deutschen Volkes abwerfen möge. Außerdem plane er ..., selbst nach Schweden zu gelangen und Verbindungen anzuknüpfen. Denn eben das scheine ihm vor allem wichtig, nicht nur das Ausland, sondern gerade das eigene Volk über die in seinem Namen und dennoch hinter seinem Rücken verübten Greuel aufzuklären.

Auf meine entsetzte Frage, wie es ihm als ehrenhaftem Menschen und gläubigem Christen möglich sei, solche Dinge mit anzusehen, sagte er mir wörtlich: ›Die Entwicklung geht ihren unerbittlichen logischen Gang. Ich bin froh, daß ich diese Greueltaten mit eigenen Augen gesehen habe, damit ich einmal Zeugnis ablegen kann.‹

Daß er im Sinne des Regimes ›Hochverrat‹ trieb, war natürlich völlig klar. Gerstein äußerte die Befürchtung, daß nicht nur er selber, sondern auch Frau und Kinder aufs schwerste gefährdet seien und daß es daher vielleicht geraten sei, sich formell scheiden zu lassen.

An dieses Gespräch... werde ich mich zeitlebens erinnern. Ich bewunderte Gersteins Tapferkeit, mit der er den schweren Makel der Zugehörigkeit zur SS um der Wahrheit willen auf sich nahm und den fast mit Sicherheit zu erwartenden gewaltsamen und qualvollen Tod um ebendieser Wahrheit willen nicht fürchtete [8].«

Die Furcht vor dem Schicksal, das seiner Frau und den Kindern zustoßen konnte, falls seine Tätigkeit entdeckt wurde, marterte Gerstein. Wie wir sahen, hatte er sogar eine Scheidung ins Auge gefaßt, um die Seinen in Sicherheit zu bringen. Seiner Frau enthüllte er nur Bruchstücke von dem, was er wußte:

»Ich kann heute nicht mehr genau abgrenzen, wieviel von seinem Erlebnisbericht er mir bereits 1942/43 mitgeteilt hat«, sagte seine Frau. »Ich entsinne mich aber deutlich einiger Sätze, die er sagte: ›Ich kann keine Rücksicht auf euch nehmen. Ihr seid drei oder vier, aber da geht es um Tausende! Ich muß etwas tun ... ich muß etwas tun!‹

Er erzählte mir, daß ihm einmal beim Vergraben von Blausäure in Polen ein Spritzer auf den Ärmel kam, den er schnellstens herunterreißen mußte. Auf meine erschreckte Frage, ob er das denn *allein* getan habe, sagte er betont: ›Ja, das mußte ich!‹

Ich vermute sehr stark, daß mein Mann auch Finnland (direkt oder über Schweden) gewarnt hat, die Juden auszuliefern, denn er erzählte einmal mit großer Freude vom wütenden Toben eines Vorgesetzten anläßlich eines Besuches in Helsinki, weil die Finnen ›ihre Juden nicht 'rausrücken‹ wollten [9].«

Im Sommer 1942 lernte Gerstein Alexandra Bälz kennen und hatte bald bemerkt, daß er ihren Haß auf den Nazismus teilte; sie waren einander in Freundschaft verbunden. Später schrieb sie:

»Eines Abends – es mag etwa August/September des Jahres 1942 gewesen sein – war ich sein Gast in der Bülowstraße 47. Wir aßen erst zu Abend – bedient und versorgt von der guten Frau Hinz –, hörten dann gemeinsam ausländische Sender ab und setzten uns später in dämmrigem Licht gegenüber an einen ovalen Tisch. Mit einem Male fing Gerstein an, bitterlich zu weinen und zu schluchzen, wobei er immerzu wiederholte: ›Ich kann nicht mehr! Ich kann nicht mehr!‹ Nach dem ersten Ausbruch fingen seine Augen an, ganz unruhig zu flackern, und bekamen irgendwie einen gewissen irren Ausdruck. Er sah mich gar nicht mehr an und erzählte wortwörtlich all die Dinge, die später in seinem Bericht veröffentlicht wurden. Es war das allererste Mal, daß ich überhaupt von diesen Dingen etwas hörte, und war derartig erschüttert, daß ich nächtelang danach kein Auge mehr zutun konnte. Ich sagte nur immer wieder: ›Gerstein, was soll man da tun!? Wie kann man da überhaupt etwas tun?! Es ist ja ganz unmöglich, bei diesen Unmenschen nur ein einziges Wort von dem verlauten zu lassen! Wenn man nur irgendwelche Verbindungen zum Ausland hätte! Die sind die einzigen, die helfen könnten, wenn sie wollten – aber sie werden es nicht glauben!‹ Darauf erzählte er mir auch seinen vergeblichen Gang zu dem Nuntius.

Die Nacht verging, und Gerstein erzählte immer noch, und ich erfuhr nun ganz Genaues über seine Doppelrolle, die er in dem Hygieneamt ausübte. ›Ich kann nichts anderes tun‹, sagte G., ›als die Blausäure, ehe sie an ihren Bestimmungsort kommt, wegzuschaffen oder unbrauchbar zu machen. Aber wie oft wird mir das gelingen?‹« [10]

In den folgenden Monaten und Jahren wiederholte Gerstein seinen Bericht: Die Zeugen, die zwischen 1942 und 1945 von ihm erfuhren, was er gesehen hatte, sind zahlreich. Pastor Wehr, der Mann, dem Gerstein im Jahr 1941 mitteilte, er habe sich entschlossen, in die SS einzutreten, schrieb:

»Er war verschiedentlich auf seinen Dienstreisen bei mir und unterrichtete mich über alles, auch über seine Erlebnisse bei der Besichtigung der Vergasungslager im Osten ...

Ich entsinne mich noch genau seiner Bemerkung bei dem letzten Nachtgespräch im Herbst 1944: Von einer halben Stunde zur andern verfolge ihn die Tatsache der einlaufenden Vergasungszüge. Er ging damals mit allerlei Plänen zur Nachrichtenübermittlung von diesen Dingen an das Ausland um und zur Vernichtung der Verbrecher und zur Beendigung des Krieges. Er rechnete dabei mit seinem Tode[11].«

Daß Gerstein das Ausland zum Handeln veranlassen wollte, unterliegt keinem Zweifel. Daß er außerdem die Deutschen durch Stimmen aus dem Ausland unterrichten wollte, scheint sicher zu sein. Dagegen sah er wohl keinen offenen Protest in Deutschland selber vor, etwa in den religiösen Kreisen:

»Ich sehe Gerstein noch vor mir auf dem Küchenstuhl sitzen, den Kopf vornüber geneigt«, erinnert sich Kurt Rehling. »Die Mütze des SS-Offiziers liegt auf dem Küchentisch. Ein vom Grauen gequälter Mann. Wir haben von zweierlei gesprochen ... 1. Können wir noch etwas tun, um das zu verhindern? 2. Wie halten die Menschen das aus, die solche Verbrechen im Dienst Adolf Hitlers ausführen?

Können wir etwas tun? Als ich die Frage aufwarf, ob man nicht von der Rathaustreppe in die vorbeigehenden Menschen hineinschreien oder am nächsten Sonntag auf der Kanzel davon erzählen sollte, selbst auf die Gefahr hin, ins KZ zu kommen, wehrte Gerstein mit beiden Händen ab. Das käme in keine Zeitung. Und die Menschen, die es gehört hätten, würden am nächsten Tage – auf Wunsch gleich mit ärztlichen Attesten – vernehmen: Der allseits geliebte und geachtete Pastor mußte wegen eines Anfalls von Geistesverwirrung in eine Heilanstalt gebracht werden. ›Dort würden Sie mich und alle meine Freunde verraten und so jede Hilfsaktion unmöglich machen.‹

Meine Gegenfrage lautete: ›Soll man etwas Derartiges unter dem Gesichtspunkt der Erfolgsmöglichkeit tun oder unter dem Gesichtspunkt der sittlichen Notwendigkeit?‹ Gersteins Meinung: ›Man soll so etwas nicht tun, wenn es sinnlos ist und nur andere gefährdet! Eine Möglichkeit, etwas geheimzuhalten, wenn man verhaftet ist, gibt es nicht. Unter der Folter sagen alle aus ... Damit ich keinen Mithelfer hereinlege, habe ich in diesem Siegelring unter dem Stein Zyankali!‹« [12]

Es wäre schwer für das Regime gewesen, mitten im Krieg gegen die Führer der katholischen und der evangelischen Kirche in Deutschland vorzugehen, wenn diese sich gemeinsam in der Öffentlichkeit gegen die Ermordung der Juden erhoben hätten. Dieser Gedanke scheint Gerstein nicht gekommen zu sein. Allerdings hat – abgesehen von den Worten, die Rehling sich selbst zuschreibt – keiner von Gersteins Gesprächspartnern, nachdem er von Gersteins Erlebnissen gehört hatte, einen öffentlichen Protest vorgeschlagen. Das Zeugnis von Bischof Dibelius ist dafür bezeichnend.

Dibelius beschreibt den Besuch Gersteins und die Einzelheiten, die dieser ihm über die Vernichtung der Juden gegeben hat:

»So erzählte Kurt Gerstein mit halberstickter Stimme. Und dann schrie er es förmlich heraus: ›Helfen Sie! Helfen Sie! Das Ausland muß es wissen! Es muß Weltgespräch werden! Es gibt kein anderes Mittel, um diesen wahnsinnigen Scheußlichkeiten ein Ende zu machen.‹ Ich war erschüttert. Niemand hatte mir, bis dahin, von diesen Dingen gesagt. Was ich darauf getan habe, gehört nicht hierher*. Es konnte nur wenig genug sein. *Wir waren ja selbst Gefangene, unter ständiger Überwachung durch die Staatspolizei* [13].«

Dibelius hatte den Erfolg der öffentlichen Proteste gegen die Euthanasie vergessen. Aber hier stellt sich eine grundsätzliche Frage: Die Euthanasie war in Deutschland allgemein bekannt. Wie stand es dagegen mit der Vernichtung der Juden? War Gerstein die einzige Informationsquelle?

* Dibelius gab an den Bischof von Uppsala weiter, was Gerstein ihm berichtet hatte.

Was wußte die Allgemeinheit? Was tat man in Deutschland und vor allem im Ausland?

Die Appelle Gersteins hatten doch nur dann Sinn, wenn sie ein Echo hervorriefen.

Wenn der Bericht Kurt Gersteins die einzige Quelle oder eine von sehr wenigen Informationsquellen über die Vernichtung der Juden gewesen wäre, hätten seine Gesprächspartner an der Wahrheit der alptraumhaften Einzelheiten, die er schilderte, zweifeln können; dann wäre die Reaktion des schweigenden Zögerns verständlich gewesen. Doch Gerstein bestätigte lediglich, was Gerüchte seit 1942 schon kolportierten und was im Lauf der folgenden Monate und Jahre so deutlich wurde, daß es gar keinen Zweifel mehr daran gab. Tatsächlich erfuhren die Deutschen zu Hunderttausenden auf den verschiedensten Wegen, welches Schicksal den Juden zugedacht war.

»Wenn einige Dutzende von Deutschen, höchstens einige Hunderte Zeugen der letzten Agonie der Juden in den Gaskammern waren, so waren es doch Hunderttausende, die ihrem langen qualvollen Weg beiwohnten«, schrieb Léon Poliakov. »Die in den Lagern stationierten SS-Einheiten; die deutschen Arbeiter, die Angestellten, die Direktoren der zahlreichen Baustellen und Fabriken, wo die jüdischen Zwangsarbeiter eingesetzt waren, an denen sie täglich vorbeigingen; die Eisenbahner, die quer durch ganz Deutschland zahllose Transportzüge von Deportierten abfertigten und begleiteten, die sie leer zurückkommen sahen, falls sie nicht mit Wäsche und gebrauchten Kleidern beladen waren, die von allen Dienststellen der NS-Volkswohlfahrt des Landes an die Bedürftigen verteilt wurden – das ist nur eine sehr unvollständige Aufzählung von Zeugen, die man wahrheitsgemäß als Augenzeugen bezeichnen kann. Was die andern Deutschen betraf, so beschäftigten sich Presse und Rundfunk des Reiches damit, sie immer offener zu unterrichten. Die Zeit der Verwünschungen Hitlers, in prophetischen und verschwommenen Ausdrücken abgefaßt, ist vorbei. Die Ausdrücke werden nun genauer und benutzen die Zeit der Vergangenheit: ›Die jüdische Bevölkerung Polens ist unschädlich gemacht worden, und das gleiche geschieht im Augenblick in Ungarn. Durch diese Aktion sind allein in diesen beiden Ländern fünf Millionen Juden ausgeschaltet worden‹, schrieb eine Danziger Zeitung im Mai 1944, und am nächsten Tag rief Dr. Ley im *Angriff* des Dr. Goebbels aus: ›Juda muß untergehen, um die Menschheit zu retten.‹ Das Schicksal der Juden dient als abschreckendes Beispiel. ›Wer den Juden nachahmt, verdient das gleiche Ende: Ausrottung, Tod‹, drohte der *Stürmer.* Da die Ausrottungspolitik auf diese Weise allgemein bekannt geworden war, sickerten genügend Informationen durch tausend Kanäle, daß auch Ort und Art der Durchführung öffentlich bekannt wurden. Ein Zeuge versichert uns, daß sich in den Zügen, die in der Nähe von Auschwitz (wo sich vier Eisenbahnstrecken kreuzten) vorüberfuhren, ›die Reisenden von den Plätzen erhoben und sich aus der Tür beugten, um möglichst viel sehen zu können‹. Die Krematorien als touristische Sehenswürdigkeit? Ein weiterer Zeuge, kein anderer als Rudolf Diels, der erste Leiter der preußischen Gestapo in den Jahren 1933 bis 1934, der später Polizeipräfekt in Köln und während des Krieges Chef der Industrieunternehmungen ›Hermann-Göring-Werke‹ wurde, teilte uns mit, daß der Ausdruck ›durch den Schornstein gehen‹ seines Wissens gegen Ende des Krieges in Deutschland sprichwörtlich geworden war. Nur diejenigen, die nichts wissen wollten, konnten weiter Unkenntnis heucheln. Bei einer dramatischen Sitzung anläßlich eines der Nürnberger Prozesse lag es einem sehr qualifizierten Zeugen – es handelte sich um den SS-General von dem Bach-Zelewski, der im Lauf des Krieges ›Chef des Antipartisanenkampfes‹ der Armeen des Reiches wurde – am Herzen, den Dingen auf den Grund zu kommen. ›Es ist für mich eine Frage der Grundsätze. Nachdem ich jahrelang in Haft gewesen bin, stelle ich fest, daß man immer noch fragt: Wer hat es gewußt? Keiner will etwas gesehen haben. Mir liegt daran – ohne Rücksicht darauf, ob es schädlich oder nützlich für mich ist –, die Wahrheit festzustellen ... Ich bin vielleicht der deutsche General, der während des Krieges am meisten durch Europa gereist ist, da der gesamte Kampf gegen Partisanen meine Aufgabe war. Ich habe mit Hunderten von Generalen und Tausenden von Offizieren aller Kategorien gesprochen ... Wer auf Reisen war, wußte vom ersten Tage an, daß die Juden auf eine Weise vernichtet wurden, die anfangs nicht systematisch war; später, als der Rußlandfeldzug begann, wurde das ausdrücklich vorgeschrieben mit dem Ziel, das Judentum auszurotten ...‹« [14]

Präzisieren wir das ein wenig:

Vom Beginn des Rußlandfeldzuges an wohnten Zehntausende von Soldaten und Offizieren der Wehrmacht sowie deutsche Amtsträger, die den verschiedensten Dienststellen angehörten, den Vernichtungsaktionen der »Einsatzgruppen« bei – und manchmal beteiligten sie sich daran.

In Borrisow wurden beispielsweise die 7620 Juden der Stadt am 9. Oktober 1941 auf dem Gelände niedergemetzelt, auf dem unmittelbar vorher der Generalstab der Heeresgruppe Mitte untergebracht war. Zahlreiche Soldaten wohnten der Aktion bei, und Einheiten der Wehrmacht wurden eingesetzt, um die Zugänge zum Getto abzuriegeln [15]. Anscheinend hielt es die Heeresgruppe Mitte nicht für notwendig, wie es der Befehlshaber der Heeresgruppe

Süd, von Rundstedt, gerade getan hatte, ihren Soldaten zu verbieten, »den Maßnahmen beizuwohnen, die von Sonderkommandos durchgeführt werden, und diese zu fotografieren« [16].

Im übrigen sahen sich trotz solcher Befehle Soldaten und Offiziere der Wehrmacht auch weiterhin in großer Zahl und eifrig das Schauspiel der Vernichtungen an. Als Beispiel möge hier der Inhalt einer Meldung folgen, die ein gewisser Major Rößler am 3. Januar 1943 gemacht hat:

Der Schauplatz ist Shitomir. Rößler hört Gewehrschüsse. Er kommt aus dem Befehlsstand seines Infanterieregiments heraus, um zu sehen, was da vor sich geht. Er ist nicht allein: zahlreiche Soldaten sowie Zivilisten laufen von allen Seiten auf einen Bahndamm zu. Zusammen mit den andern klettert Rößler den Bahndamm hinauf und sieht, wie eine Massenexekution an Juden vorgenommen wird (Rößler spricht das Wort »Jude« in seiner Meldung nicht ein einziges Mal aus). Er beschreibt die Gruppen von Soldaten und Zivilisten, die zusehen ... Er beschreibt den alten Juden mit weißem Bart, einen Stock über dem Arm, der sich noch unter dem Leichenhaufen bewegt ... Am Schluß erklärt Rößler, daß er im Lauf seines Lebens schon viel Unangenehmes gesehen habe, daß jedoch diese Massenerschießung in der Öffentlichkeit wie ein Schauspiel im Freien wirklich etwas Besonderes gewesen sei. Das sei wider alle deutschen Bräuche, wider die Erziehung usw. [17].

Als sich am 6. Oktober 1951 ein Bataillonskommandeur bei Genicke, dem SS-Offizier, der die Verantwortung für die gerade durchgeführten Massenerschießungen trug, deshalb beschwerte, erwiderte dieser, daß die Soldaten darauf bestanden hätten, dabeizusein, und daß er sie nicht habe vertreiben können ... [18].

Manchmal, wenn die Juden zu langsam starben, nahm

das Heer die Sache selbst in die Hand. So herrschten unter den Juden von Dshanskoj auf der Krim, die der Bürgermeister des Ortes in ein Lager gepfercht hatte, Epidemien. Der Ortskommandant verlangte von der Einsatzgruppe D, daß die Juden getötet würden; doch diese hatte im Augenblick nicht genügend Personal; daraufhin lieh das Heer der Einsatzgruppe Einheiten der Feldgendarmerie aus, die bei den Liquidierungsunternehmen helfen mußten.

»In Simferopol, der Hauptstadt der Krim beschließt«, wie Hilberg schreibt, »die 11. Armee einfach, daß die Exekutionen bis Weihnachten beendet sein müssen. Infolgedessen vollzieht die Einsatzgruppe D mit Hilfe von Personal des Heeres und unter Benutzung von Lastwagen und Treibstoff, die der Armee gehören, die Erschießungen rechtzeitig, damit die Soldaten Weihnachten in einer Stadt ohne Juden feiern können [19].«

Häufig beschreiben Darstellungen aus dem Rußlandfeldzug, bis zu welchem Grade Soldaten und Offiziere über die Vernichtungen unterrichtet waren. Als Beispiele zwei Stellen aus dem Buch *Die unsichtbare Flagge* von Peter Bamm:

»In Nikolajew«, schreibt Bamm, »wurden die russischen Bürger, die jüdischen Glaubens waren, von den Anderen (der SS) registriert, zusammengetrieben, ermordet und in einem Panzergraben verscharrt. Wir hörten davon durch Gerüchte, die wir erst nicht glauben wollten, aber schließlich glauben mußten. Ein Offizier vom Stabe des Armeeführers hatte die Szene photographiert ... [20].«

Oder in Sewastopol:

»In einem abgeschlossenen Teil des GPU-Gefängnisses, Mauer an Mauer mit uns, sammelten sie (SS) die Bürger Sewastopols, die jüdischen Glaubens waren, und töteten sie. Sie ließen die zum Tode Bestimmten in ein großes Kastenauto einsteigen. Die Tür wurde geschlossen. Der Motor wurde angelassen. Er brachte irgendeinen Gasmechanismus in Gang... Nach wenigen Minuten... fuhr der Fahrer... nur noch Leichen, die draußen vor der Stadt in alten Panzergräben verscharrt wurden.

Wir wußten das. Wir taten nichts [21].«

Die Urlauber erzählten davon im Reich. Am 9. Oktober 1942 hieß es in einer Anordnung der Partei-Kanzlei:

»Im Zuge der Arbeiten an der Endlösung der Judenfrage werden neuerdings innerhalb der Bevölkerung in verschiedenen Teilen des Reichsgebiets Erörterungen über ›sehr scharfe Maßnahmen‹ gegen die Juden besonders in den Ostgebieten angestellt. Die Feststellungen ergaben, daß solche Ausführungen – meist in entstellter oder übertriebener Form – von Urlaubern der verschiedenen im Osten eingesetzten Verbände weitergegeben werden, die selbst Gelegenheit hatten, solche Maßnahmen zu beobachten... [22].«

Am 15. September 1943 verurteilte ein Berliner Gericht den Parteigenossen Weber zum Tode. Der Angeklagte wurde beschuldigt, einer Kranken im August 1943 gesagt zu haben, daß niemand mehr an den Sieg glaubt... und daß wir »unsere Schultern mit einer schweren Bürde beladen haben, weil wir eine Million Juden ermordet« haben [23].

Zur gleichen Zeit hatte der Kriminalsekretär Heinrich Baab die Gewohnheit, die wenigen »privilegierten« Juden, die noch in Frankfurt lebten, zu bedrohen, indem er ihnen sagte, sie »würden durch den Schornstein gejagt« und man werde »Dünger aus ihnen machen« [24].

Als die deutsche Propaganda im April 1943 die Auffindung der Leichen von 4000 polnischen Offizieren, die in Katyn von den Russen niedergemetzelt worden waren, auszubeuten versuchte, nahm der SD mehrere Analysen der Reaktionen in der Bevölkerung vor und meldete:

»... Dabei... erkläre man, ›wir haben kein Recht, uns

über diese Maßnahme der Sowjets aufzuregen, weil deutscherseits in viel größerem Umfang Polen und Juden beseitigt worden sind‹. Mit der letzteren Argumentation werde besonders in intellektuellen und konfessionell orientierten Kreisen ... geeifert [25].«

Über die Vernichtungslager selbst war man in Deutschland ebenfalls gut informiert. Die Winterhilfs-Organisation der Partei in Posen beklagte sich beispielsweise im Januar 1943 darüber, daß die Kleidungsstücke von Juden, die aus dem Lager Chelmno stammten, von Kugeln durchlöchert, mit Blut befleckt seien und den gelben Stern trügen; ihre Verteilung sei unter diesen Umständen nicht möglich, da diejenigen, die die Sachen erhalten, nach ihrem Zustand die Herkunft erkennen und verbreiten würden [26]. Aber wie mag die Winterhilfs-Organisation selbst wohl so rasch begriffen haben, worum es sich handelte?

Im Mai 1946 erklärte der SS-General Oswald Pohl, der unmittelbar für die Konzentrations- und Vernichtungslager verantwortlich war, die Aussage von Kaltenbrunner, dem Chef des RSHA nach Heydrichs Tod, nach der »nur eine Handvoll« von Menschen auf dem laufenden sei, sei unbegründet; was die Kleidungsstücke und Wertgegenstände betreffe, so sei niemand, auch nicht der kleinste Amtsträger, im unklaren darüber geblieben, was in den Konzentrationslagern geschehen sei [27].

Was die Masse der Bevölkerung wußte, das wußten die religiösen Eliten ebenso; sie waren nur noch genauer unterrichtet. Und diese Kreise waren es, die Gerstein alarmieren wollte. Erinnern wir uns ihres mutigen und wirksamen Vorgehens gegen die Euthanasie. Und was taten sie angesichts dieser Metzeleien, die mit der Tötung der Geisteskranken überhaupt nicht zu vergleichen waren?

In der Öffentlichkeit schwiegen die Pastoren und Bischöfe zu der Ausrottung der Juden. Der Protest, der die Einstellung der Euthanasie zur Folge gehabt hatte, fand in diesem Falle nicht statt.

In der evangelischen Kirche war seit 1941 eine Neugruppierung im Gange. Diese ging hauptsächlich von dem Württemberger Landesbischof Wurm aus, der bald zum Führer und Sprecher des gesamten deutschen Protestantismus dem Staat und der Partei gegenüber wurde[28]. Seine Einstellung zur Vernichtung der Juden ist deshalb besonders bedeutsam.

Der Landesbischof von Württemberg wählte bewußt und ausschließlich den Weg offizieller Proteste, die er in Form vertraulicher Briefe an Würdenträger des Regimes und an den Führer selbst richtete. Da war vor allem das Schreiben, das er am 16. Juli 1943 wegen der privilegierten Nichtarier an Hitler sandte:

»... Im Namen Gottes und um des deutschen Volkes willen sprechen wir die dringende Bitte aus, die verantwortliche Führung des Reiches wolle der Verfolgung und Vernichtung wehren, der viele Männer und Frauen im deutschen Machtbereich ohne gerichtliches Urteil unterworfen werden. *Nachdem die dem deutschen Zugriff unterliegenden Nichtarier in größtem Umfang beseitigt worden sind,* muß auf Grund von Einzelvorgängen befürchtet werden, daß nunmehr auch die bisher noch verschont gebliebenen sogenannten privilegierten Nichtarier erneut in Gefahr sind, in gleicher Weise behandelt zu werden. Insbesondere erheben wir eindringlichen Widerspruch gegen solche Maßnahmen, die die eheliche Gemeinschaft in rechtlich unantastbaren Familien und die aus diesen Ehen hervorgegangenen Kinder bedrohen. Diese Absichten stehen, ebenso wie die gegen die anderen Nichtarier ergriffenen Vernichtungsmaßnahmen, im schärfsten Widerspruch zu dem Gebot Gottes und verletzen das Fundament alles abendländischen Denkens und Lebens: Das gottgegebene Urrecht menschlichen Daseins und menschlicher Würde überhaupt.

In der Berufung auf dieses göttliche Urrecht des Menschen schlechthin erheben wir feierlich die Stimme auch gegen zahlreiche Maßnahmen in den besetzten Gebieten. *Vorgänge, die in der Heimat bekannt geworden sind und viel besprochen werden,* belasten das Gewissen und die Kraft unzähliger Männer und Frauen im deutschen Volk auf das schwerste; sie leiden unter manchen Maßnahmen mehr als unter den Opfern, die sie jeden Tag bringen[29].«

Trotz seines großen Mutes wählte Bischof Wurm nicht den Weg des offenen Protests. Die Gründe für diese Zurückhaltung sind bekannt: Er fürchtete, daß seine Proteste vom Ausland aufgenommen würden und er des Landesverrats angeklagt werden könne ... Aber was konnte er dann noch für Hoffnungen hegen, daß er den Lauf der Dinge zu ändern vermöchte? Dazu ist bemerkt worden: »Hier zeigte sich freilich ein verhängnisvoller circulus vitiosus, da nur durch Bekanntwerden im Ausland überhaupt noch eine Aussicht auf gewisse taktische Berücksichtigung der Proteste durch das NS-Regime bestand[30].«

In sehr begrenztem Maß wurde manchen Juden von so mutigen Pastoren wie Grüber oder Sylten greifbare Hilfe zuteil, doch die einzige evangelisch-kirchliche Behörde, die einen *öffentlichen* Protest gegen die Ausrottung der Juden (ohne diese jedoch selbst zu nennen) lautwerden ließ, war die altpreußische Bekenntnissynode. Die Geistlichen wurden aufgefordert, am Aschermittwoch 1943 folgenden Text von der Kanzel zu verlesen:

»Wehe uns und unserem Volk, wenn das von Gott gegebene Leben für gering geachtet und der Mensch, nach dem

Ebenbilde Gottes erschaffen, nur nach seinem Nutzen bewertet wird, wenn es für berechtigt gilt, Menschen zu töten, weil sie für lebensunwert gelten oder einer anderen Rasse angehören, wenn Haß und Unbarmherzigkeit sich breit machen. Denn Gott spricht: ›Du sollst nicht töten.‹« [31]

Es ist nicht bekannt, wie viele Pastoren den fraglichen Text öffentlich verlesen haben, aber man kann abermals feststellen, bis zu welchem Grad die Ausrottung der Juden bekannt war. Landesbischof Wurm selbst sollte später zugeben:

»Es lag wie ein Bann über uns, es war, wie wenn einem von einer unsichtbaren Macht der Mund verschlossen wäre. Das einmütige und volltönende Zeugnis der Kirche ... kam nicht zustande [32].«

Und die katholische Kirche in Deutschland, wie stand es mit ihr?

Seit 1938 erhob ein Mann seine Stimme für die Juden: Propst Bernhard Lichtenberg vom Hedwigsdom in Berlin. 1941 wurde er verhaftet. Er starb zwei Jahre später auf dem Transport nach Dachau. Danach hörten die öffentlichen Proteste auf. Gewiß, wie bei den protestantischen Kirchen wurden auch von den katholischen Bischöfen vertrauliche Schreiben an die höchsten Reichsbehörden gerichtet. So protestierte im November 1943 der Erzbischof von Breslau, Kardinal Bertram, beim Innenminister und beim Reichssicherheitshauptamt und erklärte, die aus Deutschland evakuierten Nichtarier lebten »unter Bedingungen, die man unmenschlich nennen müsse. Viele der Notleidenden seien den Strapazen bereits erlegen.« Im Namen aller Bischöfe forderte er besonders das Recht, daß für die nichtarischen Christen in den Lagern Gottesdienst gehalten und ihnen die Sakramente gespendet werden dürften [33]. Da Kardinal Bertram im Hinblick auf die Juden also wußte, was allgemein bekannt war, kann man sich wirklich fragen, ob die von ihm benutzten Formulierungen den Machthabern nicht beweisen mußten, daß keine Gefahr energischer Proteste – und schon gar nicht die öffentlicher Proteste – von dieser Seite zu fürchten war.

Im Januar 1944 richtete Bertram einen neuen Brief an den Innenminister. Die Bischöfe hätten, wie der Kardinal schrieb, Berichte darüber in Händen, daß die Maßnahmen gegen die Juden nunmehr auch gegen christliche »Mischlinge« angewendet würden. Der Kardinal nannte zusammenfassend diese Maßnahmen und setzte hinzu: »Alle diese Maßnahmen zielen deutlich auf eine Aussonderung hin, an deren Ende die Ausmerzung droht...« Die deutschen Katholiken, so fuhr Bertram fort, »würden aufs schwerste getroffen werden, wenn diese ihre Mitchristen ein ähnliches Schicksal tragen müßten wie die Juden«[34]. Man kann nichts weiter tun, als auf die Zweideutigkeit dieses Satzes hinzuweisen.

Gewiß, verhüllte Proteste gegen die Behandlung eines jeden, »der nicht unseres Blutes ist oder nicht unsere Sprache spricht«, wie es Erzbischof Frings von Köln am 20. Dezember 1942 formulierte, waren häufig, aber wenig verständlich. Dazu bemerkt Guenter Lewy: »Seit der Niederlage des Dritten Reiches sind diese Äußerungen immer wieder als Beweis dafür angeführt worden, daß die Bischöfe damals *öffentlich* gegen die Judenvernichtung protestiert hätten. Möglicherweise haben einige Katholiken tatsächlich an die Juden gedacht, als ihre geistlichen Führer die Ermordung von Menschen anderer Rasse als Unrecht bezeichneten. Aber weder das Wort ›Jude‹ noch die Bezeichnung ›Nichtarier‹ kam jemals über die Lippen der Bischöfe[35].«

Man weiß, daß Gersteins Bericht mindestens auf einem Weg zu den Alliierten gelangte und auch, wie wir sahen, zu den Neutralen – Schweden und Schweizern. Der holländische Ingenieur Ubbink gab den Bericht Gersteins nach London weiter:

»Als ich Kurt Gerstein im Februar 1943 in Berlin besuchte«, schrieb Ubbink nach dem Krieg, »traf ich ihn sehr aufgeregt an. Er freute sich aber, daß ich da war, weil er mir wichtige Mitteilungen zu tun hatte. Ausführlich beschrieb er mir dann, wie es ihm endlich gelungen war, hinter das geheimnisvolle Tun der Nazis zu gucken, und sogar die Vernichtungslager besucht hatte...«

Darauf berichtete Gerstein, was er in Belzec erlebt hatte.

»Er fragte mich dann«, fuhr Ubbink fort, »ob ich in Verbindung kommen könnte mit Leuten, die in Funkverbindung mit England standen. Auf meine Bejahung hin bat, nein vielmehr *beschwor* er mich, die Geschichte weiterzugeben nach England, damit sie weltkundlich gemacht werden konnte und auch das deutsche Volk aufgeklärt werden konnte. Ich versprach ihm das... Ich habe mein Versprechen gehalten, aber man glaubte damals eine derartig fürchterliche Geschichte nicht [36].«

Also waren die von Gerstein gelieferten Informationen Anfang 1943 nach London befördert worden. Nach Angabe des Ingenieurs Ubbink sollen die Briten ungläubig gewesen sein. In Wirklichkeit handelte es sich dabei jedoch nicht um Ungläubigkeit, da bereits seit dem Sommer 1942 ähnliche Einzelheiten aus verschiedenen Quellen in den alliierten Hauptstädten zusammenströmten. Trotzdem fand die von Gerstein gewünschte Reaktion nicht statt. Was ging in London und Washington vor sich?

Im August 1942 erfuhr man in den alliierten Hauptstädten, daß die Nazis sich entschlossen hatten, sämtliche in ihrem Machtbereich lebenden Juden systematisch auszurotten. Diese aus deutschen Quellen stammenden Informationen wurden vom Genfer Büro des Jüdischen Weltkongresses weitergegeben. Der amerikanische Staatssekretär im Außenministerium, Sumner Welles, forderte, daß davon nichts veröffentlicht werde, ehe man nicht gründliche Nachforschungen angestellt habe. Während der drei Monate, die diese Nachforschungen in Anspruch nahmen, von August bis November 1942, wurden mehr als eine Million Juden getötet.

Ende 1942 waren die alliierten Regierungen überzeugt, daß die »Endlösung« eine Realität sei. Unter den aus dem besetzten Europa gekommenen Gewährsleuten verdient einer besonders hervorgehoben zu werden: Es ist der Beauftragte der polnischen Widerstandsbewegung Jan Karski. Er wurde von Anthony Eden empfangen und später auch von Präsident Roosevelt; er beschrieb ihnen die Zustände im Warschauer Getto usw., vor allem das Vernichtungslager Belzec [37], das Gerstein kurz vorher besucht hatte und um dessentwillen er die Welt zu alarmieren versuchte. Deshalb wußte man, als die Holländer den Bericht Gersteins im August 1943 nach London funkten, dort, was man, vor allem im Hinblick auf Belzec, davon zu halten hatte.

Am 17. Dezember 1942 erwähnte eine gemeinsame Erklärung der alliierten Regierungen die »deutsche Politik der Ausrottung der jüdischen Rasse« und verkündete, daß die Verantwortlichen »der Strafe nicht entgehen würden« [38].

Kurze Zeit später entschlossen sich jedoch Beamte des amerikanischen Außenministeriums, zweifellos in dem Bestreben, eine allzu lebhafte Agitation der amerikanischen Juden zu verhindern, den aus der Schweiz stammenden Nachrichten über die Ausrottung der Juden »Embargo aufzuerlegen«. Ganz allgemein werden allzu häufige Anspielungen auf die Ausrottung vermieden. Es ist nicht ausgeschlossen, daß das amerikanische Außenministerium dabei auch in Übereinstimmung mit dem britischen vorgegangen ist. Für die Briten stellte jede Maßnahme, die es einer größeren Zahl europäischer Juden ermöglicht hätte, zu fliehen, an sich schon eine Gefahr dar. Denn wie hätte man sie transportieren – und vor allem: wohin hätte man sie transportieren sollen? Nur Palästina hätte sie aufnehmen können, doch dort handhabten die Briten seit 1939 die strengsten Einwanderungsbeschränkungen für Juden, um die Ruhe in der übererregten arabischen Welt einigermaßen aufrechtzuerhalten. Im März 1943 traf der britische Außenminister Anthony Eden in Washington ein, um dort mit den leitenden amerikanischen Politikern eine Reihe von Besprechungen zu führen. Nach Angaben von Harry Hopkins, dem Berater von Präsident Roosevelt, soll Außenminister Cordell Hull das Problem einer Rettung der Juden in Gegenwart des Präsidenten, Anthony Edens, des britischen Botschafters Halifax, des Staatssekretärs Sumner Welles und des britischen Staatssekretärs im Außenministerium William Strang aufgeworfen haben. Hopkins gibt das Wesentliche aus dieser Besprechung folgendermaßen wieder:

»Hull sprach von den sechzig- bis siebzigtausend Juden in Bulgarien, die durch die Ausrottung bedroht seien, wenn man sie nicht heraushole. Er bedrängte Eden sehr nachdrücklich, eine Lösung für dieses Problem zu finden. Eden erwiderte, daß das ganze Problem der Juden in Europa sehr schwierig sei und daß man sehr vorsichtig sein müsse, wenn man sich erbiete, alle Juden aus einem Land wie Bulgarien herauszuholen. *Wenn wir uns dazu bereit erklären, wollen die Juden der ganzen Welt, daß wir entsprechende*

Angebote auch für Polen und Deutschland machen. Hitler könnte uns sehr wohl bei jedem dieser Angebote beim Wort nehmen, und dann gäbe es einfach nicht genug Schiffe und Transportmöglichkeiten auf der Welt, um sie zu übernehmen.

Eden erklärte, daß die Briten geneigt seien, ungefähr weitere 60 000 Juden in Palästina aufzunehmen, daß jedoch das Transportproblem, selbst von Bulgarien nach Palästina, äußerst schwierig sei. Überdies sei jede Massenbewegung dieser Art äußerst gefährlich für die Sicherheit, denn die Deutschen würden versuchen, Agenten in diese Gruppe einzuschleusen ...

Eden sagte, er hoffe, daß wir unserseits keine allzu übertriebenen Versprechungen machen würden, die man dann wegen der fehlenden Schiffe nicht halten könne ... [39].«

Aber weshalb weigerten sich die Alliierten, über den deutschen Städten Flugblätter abzuwerfen, in denen die Ausrottung der Juden dargestellt wurde? Gerstein hatte das ausdrücklich vorgeschlagen, und es ist interessant, daß die Mitglieder der jüdischen Widerstandsbewegung in Warschau Jan Karski gebeten hatten, der britischen Regierung den gleichen Vorschlag zu machen [40]. Dennoch geschah nichts.

Zur gleichen Zeit verzögerten die Engländer die Überweisung von Geldbeträgen in die Schweiz, die dazu bestimmt waren, Juden bei der SS freizukaufen, die Devisen brauchte. Danach brachten sie den Plan zu Fall, eine Million Juden gegen 10 000 Lastwagen auszutauschen. Einem Beauftragten der Jüdischen Agentur, der Lord Moyne, den britischen Hohen Kommissar in Ägypten, anflehte, etwas in dieser Angelegenheit zu unternehmen, erwiderte der englische Adlige: »Was machen wir mit dieser Million Juden?« Die Briten weigerten sich außerdem, die Gaskammern von Auschwitz und die Eisenbahnstrecke, die von Ungarn nach Auschwitz führte, zu bombardieren; dabei erklärten sie, es sei technisch unmöglich, diese Ziele zu erreichen. Dieses Argument ist erwiesenermaßen falsch. Der Schatzminister der Vereinigten Staaten, Morgenthau, konnte danach von »einer satanischen Mischung aus Zweideutigkeit und eisiger Kälte der Briten« sprechen, »die gleichbedeutend mit einem Todesurteil« sei.

Gerstein rechnete vergebens auf eine Reaktion der Alliierten. Aber welches war – der Ausrottung der Juden gegenüber – die Einstellung der neutralen Länder, die er zu alarmieren suchte?

Erst nach Beendigung der Feindseligkeiten gaben die Schweden das Aide-mémoire des Barons von Otter, das sein Gespräch mit Gerstein wiedergab, an London weiter, weil sie fürchteten, ihre Beziehungen mit Deutschland zu belasten ... Aber immerhin schloß Schweden seine Grenzen nicht für die Juden, die dort Zuflucht suchten. In der Schweiz war das anders:

Nach Angabe von Generalkonsul Hochstrasser wurde der Gerstein-Bericht im Juni 1944 in Bern mitgeteilt. Hochstrasser bestätigt sogar, daß die Schweizer Behörden darüber schon lange Bescheid wußten. Tatsächlich war bereits im März 1942 in der Schweizer Hauptstadt ein Bericht über die Judenvernichtung aus unbedingt zuverlässiger Quelle eingegangen. Als nach dem Krieg Nachforschungen angestellt wurden, berichtete Dr. B. aus Zürich, seinerzeit Mitglied einer Schweizer Medizinerkommission in Osteuropa, dem Professor Carl Ludwig Einzelheiten über seine Erfahrungen:

»In Smolensk ... erklärte mir der Chefarzt im Januar 1942, würden die Dinge von Tag zu Tag schlimmer. Juden in immer größerer Zahl würden auf die bestialischste Weise getötet. Es handele sich weniger um Massenhinrichtungen durch Erschießen – obwohl im Getto Minsk 7 000 Juden im Maschinengewehrfeuer starben – als um Vernichtungen in Gaskammern, gefolgt von der Verbrennung der Leichen in ungeheuren Krematorien. Er wußte genau, daß Einrichtungen dieser Art, die vielleicht nicht in allen Teilen fertiggestellt waren, in Auschwitz ausprobiert würden *. In Smolensk habe ich gesehen, wie ein Dutzend jüdischer Frauen am Stadtrand ihre eigenen Gräber aushoben. Ich bin nicht Zeuge der Exekution gewesen, aber ich habe am nächsten Tag die Grube, wieder mit Erde aufgefüllt, gesehen. In Warschau fiel mein Blick auf einen Zug aus Dritter-Klasse-Wagen, vollgestopft mit Deportierten aller Altersgruppen. Einer der SS-Soldaten, die den Konvoi bewachten, sagte mir, daß natürlich keins dieser ›Judenschweine‹ auch nur die geringste Ahnung davon habe, daß sie binnen zweimal achtundvierzig Stunden alle tot sein würden ...

Dr. B. gab darauf verschiedene Einzelheiten über die Verwendung von Gas usw. an, die er erfahren hatte, und erklärte weiter, daß er über diese Greuel zum erstenmal auf der Generalversammlung der Schweizer Medizinervereinigung im Jahr 1942 gesprochen habe ... er habe das, was er wußte, dem Militärrichter der Schweizer Armee, Oberst-Brigadier Eugster, in Gegenwart des Bundesratsmitglieds für die Landesverteidigung, des Bundesrats Kobelt, mitgeteilt; das sei im Bundespalast im März 1942 geschehen ...

Dr. B. hat dem Verfasser des vorliegenden Berichts das Tagebuch seines Begleiters, des Sergeanten W., anvertraut; dieses Tagebuch wurde dem leitenden Kriegsrichter im März 1942 vorgelegt ...[41].«

* Wieder sieht man, wie zahlreich die Deutschen waren, die genau über das Schicksal der Juden unterrichtet waren.

Am 20. August 1942 teilte der Vorsitzende des Verbandes der israelitischen Gemeinden in der Schweiz dem Divisionschef der Polizei Rothmund mit, welche Informationen der Jüdische Weltkongreß in Genf soeben über die allgemeinen Massenvernichtungen der Juden in den von Deutschland oder seinen Satelliten beherrschten Gebieten erhalten habe[42]. Weitere genaue Angaben gelangten übrigens aus den verschiedensten Quellen nach Bern; dazu gehörten zweifellos auch die der Schweizer Spionageorganisation, einer der um jene Zeit am besten unterrichteten auf der Welt. Die Regierung war also genau unterrichtet, als sie überaus harte Befehle gab, alle Juden zurückzuweisen, die Zuflucht auf Schweizer Gebiet suchen sollten. Die »Verpflegungsschwierigkeiten« der Schweiz scheinen nicht der entscheidende Grund für diese Politik gewesen zu sein, da nichtjüdische Flüchtlinge aufgenommen wurden. Am 13. August 1942 wurde eine Anordnung der Polizeidivision erlassen, in der es hieß:

»I. Es dürfen *nicht* zurückgewiesen werden:

1) Deserteure, entflohene Kriegsgefangene und andere Militärpersonen...

2) politische Flüchtlinge...

...Jene, die nur aufgrund ihrer Rasse die Flucht ergriffen haben, beispielsweise die Juden, dürfen nicht als politische Flüchtlinge betrachtet werden...[43].«

Die Einstellung der Schweizer Bundesregierung stützte sich übrigens auf die mangelnde Bereitschaft der Kantone – mit Ausnahme von Basel-Stadt –, jüdische Flüchtlinge in ihrem Gebiet aufzunehmen[44]. Die Zurückweisung konnte also mit einer im Lauf der folgenden Monate ständig wachsenden Härte durchgeführt werden. Die Anweisung der Polizeidivision vom 29. Dezember 1942 besagte:

»Es muß darauf geachtet werden, daß die Flüchtlinge,

die zurückgewiesen werden müssen, weder unmittelbar noch mittelbar (vor allem telefonisch) mit dritten (Angehörigen, Bekannten, Anwälten, Legationen, Konsulaten, Flüchtlingshilfsorganisationen usw.) in Verbindung treten können ...[45].«

Von Oktober 1942 an unterstützte die Schweizer Armee die Polizei bei der Bewachung der Grenzen[46]. Bis zum Sommer 1944 blieben die Grenzen der Eidgenossenschaft hermetisch abgeriegelt.

Die Hoffnungen, die Gerstein in eine Initiative der Schweiz setzte, waren unbegründet. Es blieb also nur der Heilige Stuhl.

Um den Papst zu alarmieren, unternahm Gerstein die größten Anstrengungen: Nachdem er aus der apostolischen Nuntiatur in Berlin hinauskomplimentiert worden war, unterrichtete er Dr. Winter, den Weihbischof des Berliner Erzbischofs Graf Preysing, damit dieser seinen Bericht an den Erzbischof und an den Papst weitergebe. Der Heilige Stuhl hat niemals bestätigt, daß ihm die von Gerstein gelieferten Informationen zugegangen seien; ebensowenig hat er es bestritten; aber sie konnten auch dort nur bestätigen, was bereits weithin bekannt war:

Bereits am 14. März übergab der apostolische Nuntius in der Slowakei der dortigen Regierung eine Protestnote des Vatikans, in der es hieß: »Es ist nicht richtig, anzunehmen, daß deportierte Juden zum Arbeitsdienst geschickt würden; die Wahrheit ist vielmehr, daß sie vernichtet werden[47].«

Ebenfalls im März 1942 überreichten Vertreter der Jüdischen Agentur und des Jüdischen Weltkongresses dem apostolischen Legaten in Bern eine lange Note, in der die Deportationen und die Ermordung der Juden im gesamten der deutschen Besetzung unterworfenen Europa beschrieben wurden[48].

Am 26. September desselben Jahres richtete Myron C. Taylor an den Kardinal-Staatssekretär ein Schreiben, in dem sich vor allem folgende Einzelheiten finden:

»Die Liquidierung des Warschauer Gettos findet soeben statt. Alle Juden ohne jede Ausnahme, welches auch ihr Alter oder Geschlecht sein mag, sind gruppenweise aus dem Getto deportiert und getötet worden. Ihre Leichen werden zur Fettfabrikation und die Knochen zur Herstellung von Düngemitteln verwendet. Zu diesem Zweck werden die Leichen sogar wieder ausgegraben.

Diese Massentötungen finden nicht in Warschau statt, sondern in Lagern, die eigens für diesen Zweck errichtet worden sind und von denen eins Belzec ist ... [49].«

In seiner Antwort bestätigte der Kardinal-Staatssekretär, daß

»Berichte aus andern Quellen über die harten gegen Nichtarier getroffenen Maßnahmen ebenfalls an den Heiligen Stuhl gelangt sind ... [50].«

Am 8. November 1942 beschwerte sich Kardinal Sapieha, Erzbischof von Krakau, bei Generalgouverneur Frank, daß polnische Arbeiter »für die Vernichtung der Juden verwendet werden« [51].

Schließlich sprach Pius XII. selbst in einer Ansprache an das Kardinalskollegium am 2. Juni 1943 von

»denjenigen, die aufgrund ihrer Nationalität oder Rasse den schwersten Prüfungen unterworfen und manchmal sogar ohne persönliche Schuld zu Maßnahmen der Vernichtung bestimmt werden ... [52].«

Doch der Heilige Stuhl verweigerte jeglichen ausdrücklichen öffentlichen Protest. Viele Gründe sind herangezogen worden, um dieses Schweigen zu interpretieren. Der Pontifex maximus oder sein Staatssekretär haben bei verschiedenen Gelegenheiten verschiedene Erklärungen gegeben:

Der Papst könne spezifische Greueltaten nicht verurteilen; er könne die Deutschen nicht verdammen, ohne gleichzeitig die Bolschewisten zu erwähnen; er wolle nicht noch größere Übel dadurch verursachen, daß er das Schweigen breche; schließlich: Jegliche Verurteilung wäre vergebens gewesen. Man könnte außerdem politische Gründe oder solche Gründe anführen, die von den Interessen der Kirche gegenüber dem Nazismus erzwungen würden. Solche Überlegungen scheinen Gerstein nicht in den Sinn gekommen zu sein. Für ihn war der Papst der »Stellvertreter Christi«.

»Welches Vorgehen gegen den Nationalsozialismus konnte man von einem gewöhnlichen Bürger verlangen«, sagte er im Jahr 1945, »wenn sich selbst der Stellvertreter Jesu auf Erden weigert, etwas zu unternehmen, obwohl Zehntausende von Menschen jeden Tag ermordet werden und obwohl es mir schon verbrecherisch erschien, auch nur einige Stunden zu warten. Sogar der Nuntius in Deutschland weigerte sich, sich unterrichten zu lassen über diese ungeheuerliche Verletzung der Grundlage der Gebote Jesu: ›Liebe deinen Nächsten wie dich selbst [53].‹«

So wurde das christliche Abendland zum passiven Zuschauer bei der Ausrottung der Juden. Die Einzelheiten, die Gerstein über die Todeslager brachte, änderten daran nichts. Millionen von Juden kamen weiter um, und Gerstein, der unnütze Zeuge, selbst wurde von dem Räderwerk der Maschine ergriffen, die er zu bremsen versuchte.

Gerstein in Berlin

Am Sonntag, dem 5. September 1943 habe ich zusammen mit meinem Freund Henk de Vos, der gleichzeitig nach Berlin deportiert worden war, Kurt Gerstein zum erstenmal getroffen, als er uns beim Verlassen der Kirche am Dennewitzplatz einlud, zum Essen zu ihm zu kommen. Schon bei diesem ersten Besuch hat Gerstein uns vollkommen ins Vertrauen gezogen und uns erzählt, was für eine verbrecherische Regierung mit den Nazis in Deutschland an der Macht war und wie er, Gerstein, durch seinen Widerstand gegen die Nazis so weit gekommen war, daß er sich, um sein Leben zu retten, für die SS gemeldet hatte. Ergriffen betonte er, daß diese gottlose Bande den Krieg verlieren müsse. Als Nachfolger und Zeuge Christi stand dies für ihn so fest, daß er uns bei diesem ersten Besuch und auch später jedesmal, wenn wir ihn sahen, ermutigend versicherte, daß Christus diese Teufel überwinden werde.

Obwohl ich mich jetzt, zwölf Jahre später, nicht mehr an jedes Wort erinnere, weiß ich noch sehr gut, daß er uns an diesem Nachmittag auch viel von den abscheulichen Morden erzählte, die die Nazis in den Konzentrationslagern begingen. Mehrmals hat er uns später gesagt, er erzähle uns das, damit es später Zeugen dieser Greueltaten gebe.

Gegen Abend sind wir mit ihm nach Berlin-Dahlem gegangen, wo er Frau Niemöller einige Lebensmittel brachte, die sie ihrem Mann in die Gefangenschaft schicken könne. Bevor wir abends nach Hause gingen, las Gerstein mit uns aus dem Matthäusevangelium Kapitel 23 bis 24. Danach legte er noch einmal bewegt Zeugnis von Jesus ab und betete mit uns.«

Gerstein sprach mit seinen holländischen Freunden über seine Tätigkeit in der SS und von dem, was er in den Lagern gesehen hatte... Nieuwenhuizen fährt fort:

»Ich erinnere mich an einen Fliegeralarm, als wir bei ihm waren. Als einige bestürzt waren, weil in einer anderen Etage eine Lampe nicht gelöscht worden war, sprach er uns gegenüber höhnisch über die Unruhe der anderen Bewohner. ›Denn‹, so sagte er, ›die Alliierten haben Geräte, mit denen sie ohne Licht ihre Ziele genau bestimmen können...‹

Bei anderer Gelegenheit erzählte er mir, daß Hitler, wenn er verlieren werde, die Tür mit solcher Gewalt hinter sich zuschlagen werde, daß die Erde in ihren Grundfesten beben werde. Gerstein vertraute mir dabei an, daß Hitler an furchtbaren geheimen Waffen arbeite, die eine unvorstellbare Vernichtungskraft haben sollten.

Wenn ich Gerstein besuchte und zugleich andere Besucher da waren, gab er mir immer zu verstehen, auf welcher Seite sie standen. Ich erinnere mich besonders seiner Warnung, als sein Vater einmal bei ihm war, der ein entschiedener Nazi war... [1].«

Henk des Vos präzisierte die Umstände ihrer ersten Begegnung mit Gerstein. Die beiden Holländer waren soeben bei ihm eingetreten. Gerstein befand sich in Gesellschaft eines Soldaten:

»... Während des Gesprächs zwischen Kurt Gerstein und dem Soldaten im Schlafzimmer entdeckten wir eine vollständige SS-Uniform. Wir erschraken nach dieser Entdeckung und verabredeten schnell, so vorsichtig wie möglich zu sein. Wir fühlten uns in eine Falle gelockt. Gerstein bemerkte unsere reservierte Haltung und erzählte daraufhin seine Geschichte, wie er die verhaßte Uniform tragen mußte, und auch, warum er uns eingeladen hatte. Wir haben den Rest des Sonntags dort verbracht, wozu die ausgezeichnete Mahlzeit ein guter Anfang war...

Noch nie hatten wir einen Mann gesehen, der sich diesem Regime so heftig widersetzte. Kurt Gerstein hat wahrscheinlich viel von seinen Tätigkeiten ohne Wissen seiner Frau getan, um bei einer Entdeckung seine Familie zu verschonen. Oft sagte er uns: ›Davon weiß nicht einmal meine Frau.‹ Herr Ubbink aus Doesburg wurde uns schon beim erstenmal als Verbindungsmann für den Fall genannt, daß wir Schwierigkeiten... bekommen sollten... Die Unterscheidung zwischen Ariern und Nichtariern war Gerstein zuwider. Er sah die Juden als Gottes Volk an, und jedes Volk, das gegen sie die Hand aufgehoben hat, ist selbst schwer getroffen. ›Das wird Deutschlands Fall‹, sagte er.

Abends las er uns aus der Bibel vor. Das Gebet danach war jedesmal ein Flehen um Erlösung für die Opfer des Nazi-Regimes und um Gnade für das deutsche Volk, das noch solche widerlichen und himmelschreienden Taten vollbrachte.

Mehrmals litt Gerstein während des Gebetes unter Depressionen. Er war so niedergeschlagen und aufgeregt, daß wir ihn zur Ruhe mahnen mußten. Diese Abendandachten fanden fast immer im Schlafzimmer statt, wobei Gerstein im Bett lag.

Kurt Gerstein hat uns häufig gesagt, daß wir, die wir von dem Elend wußten, das Hitler über Millionen von Menschen gebracht hatte, vor Gott Zeugnis ablegen müßten und daß er selbst den Vernichtungslagern nie zugestimmt oder an ihnen mitgearbeitet habe...

Regelmäßig stellte er das Radio auf BBC oder auf Soldatensender West an. Auf einer großen Karte verfolgte er ständig den Frontverlauf und berichtete uns über das Vorrücken der Alliierten.

In seiner Wohnung wurden wir auch von seiner Haushälterin, Frau Hinz, empfangen. Sie hatte zuvor bei einer jüdischen Familie gearbeitet und war später zur Sanitätsstelle versetzt worden, um die Offiziere zu bedienen. Diese Frau war Kurt Gerstein sehr dankbar, weil er sie aus den Baracken geholt und in sein Haus genommen hatte. 1944 ist sie gestorben. Kurt Gerstein hat auf ihm bekanntem Wege dafür gesorgt, daß in einer schweizerischen Zeitschrift eine Todesanzeige erschien, so daß die ehemaligen jüdischen Arbeitgeber von Frau Hinz unterrichtet werden konnten. Wenn wir abends zu ihm ins Haus kamen, wurden wir von Frau Hinz sofort davon unterrichtet, welcher Besuch bei Kurt Gerstein war. Als sein Vater nach Berlin kam, wußten wir durch Kurt von der politischen Tätigkeit seines Vaters. Kurt hatte uns gesagt, daß wir besonders vorsichtig sein müßten. Papa sei ein entschiedener Nazi. Er hat sich auch sehr gewundert, uns im Hause seines Sohnes anzutreffen.

Mehrmals hat Gerstein uns wissen lassen, daß er manchmal sehr gefährlich arbeite. Er erzählte uns von einem Flug nach Finnland mit einem Militärflugzeug, daß die Aufgaben, die damit verbunden waren, ihn den Kopf kosten könnten, wenn es schiefginge. Er war damals sehr nervös und sprach verwirrt ...[2].«

Eickhoff, ein Kamerad aus der Jugendbewegung in Hagen, begegnete Gerstein im Jahr 1943 in Berlin wieder:

»... Ich weiß, wir brachten einen SS-Generalarzt oder irgend so ein hohes Tier zum Bahnhof, und er nahm mich mit. Ich war ja kein SS-Mann, sondern Soldat des Heeres. Gerstein gab mich als Ordonnanz aus. Ich durfte einfach mit durch die Sperre, und das weiß ich noch, daß der andere Pfannenstiel hieß, Professor Dr. Pfannenstiel; und er sagte,

Kurt Gerstein sollte nun mit nach Polen fahren. Aber Kurt Gerstein wollte nicht, und er sagte: ›Wenn Sie mir einen Schlafwagen besorgen – die Macht hatte er ja –, dann fahre ich mit.‹ Denn er wußte genau, der konnte ja keinen kriegen...

Wir sind dann wieder in seine Wohnung gefahren. Dort war eine ältere, stabile Frau, ich schätze, daß sie 55, 60 Jahre alt war, Frau Hinz. ›Hinzchen‹, sagte er immer zu ihr.

Frau Hinz hat alles für ihn getan, und ich hatte den Eindruck, daß sie auch etwas wußte oder gemerkt hat. Es war ein rauher Ton in dieser verschworenen Gemeinschaft! Er schrie auch laut ›Hinzchen!‹, so daß man annehmen konnte, das sei eben der Umgangston bei der SS...[3].«

Alle Zeugen erinnern sich der erstaunlichen Persönlichkeit, die diese alte Frau Hinz war:

»... Er hatte eine Haushälterin«, schrieb Dr. Ehlers, »die jahrelang bei einer jüdischen Familie gearbeitet hatte, von der SS zu entwürdigenden Säuberungsarbeiten im SS-Hauptamt verpflichtet und von Gerstein für seine Privatwirtschaft in Anspruch genommen worden war. Diese ältere Frau haßte die Nationalsozialisten noch glühender als Gerstein, so daß der Ton in dieser Wohnung außergewöhnlich radikal war. Im übrigen war Gerstein, wie immer, außerordentlich unvorsichtig. Der englische Sender wurde ständig abgehört und brüllte in ziemlicher Lautstärke durch die Wohnung. Offenbar nahmen die Mitbewohner des Hauses, die das zweifellos hörten, an, daß ein SS-Führer berechtigt sei, diese Sender in dienstlicher Eigenschaft abzuhören[4].«

Am 26. Dezember 1944 starb Leokadia Hinz. Am 31. schrieb Gerstein an seine Frau:

»Gestern haben wir die brave Hinz zur letzten Ruhe gebettet. In Börnichen bei Nauen auf dem schönst denkbaren kleinen Dorffriedhof, wo die Gräber Jahrhunderte lang in ihrem schönen hellweißen Sande ruhen bleiben dürfen. Herr Generalsuperintendent D. Dibelius hielt die Trauerfeier ... 6 Großbauern trugen den Sarg zum tannenausgeschlagenen Grabe. Wie eine Fürstin ist sie, unter lieben Menschen, bestattet worden ... [5].«

Im September 1944 hatte der katholische Strafanstaltsgeistliche Buchholz Gerstein kennengelernt.

»... Durch einen Herrn aus Tegel wurde ich im September 44 zu einem Abend in die Wohnung des Herrn Gerstein eingeladen, wo ich noch eine Reihe von anderen Herren traf, die alle entweder politisch gemaßregelt oder als politische Häftlinge durch die Gestapo-Gefängnisse gegangen waren. Von meinem Bekannten wurde mir versichert, daß alle Herren durchaus zuverlässig waren und daß alle, besonders auch Herr Gerstein, den Wunsch hätten, von mir nähere Einzelheiten zu hören über das, was den meisten nur gerüchtweise bekannt war: über die Massenhinrichtungen in Plötzensee. Ich habe davon dann auch ohne jede Hemmung in voller Offenheit ausführlich berichtet, zumal auch jene furchtbare Nacht erwähnt im September 1943, wo 186 politische Häftlinge durch Erhängen hingerichtet worden sind. Im Anschluß daran hat dann Herr Gerstein davon erzählt, wie er in die SS gekommen ist (wenn ich nicht irre, sprach er davon, daß er als politischer Häftling in einem Lager gewesen und dann in die SS gepreßt worden sei) und wie unglücklich er sich in dieser Umgebung fühle, zumal er als überzeugter Christ die Weltanschauung des Nationalsozialismus nicht teile und erst recht innerlich und äußerlich abrücken möchte von den Ungeheuerlichkeiten, die in den Todeslagern vorkämen und von deren Ausmaß wohl die wenigsten eine Ahnung hätten.

Als er dann anfing, in aller Offenheit und mit allem Freimut Einzelheiten zu berichten, Namen und Lage der Todeslager aufzählte, von der ›Tagesleistung‹ in den einzelnen Verbrennungsöfen und Gaskammern berichtete... von der täglichen Ausbeute an Goldzähnen und Plomben etc. und die Gesamtzahl der Opfer auf weit über zehn Millionen bezifferte, da war uns allen, denen diese Dinge zum Teil nicht unbekannt waren, diese genaue Schilderung doch so ungeheuerlich, daß wir sie kaum zu glauben vermochten... [6].«

Von allen Zeugen für das Leben Gersteins während dieser letzten Kriegsjahre war Pfarrer Mochalski vielleicht der, der am besten die Tiefe seiner Angst erkannt hatte:

»Ich lernte den ehemaligen SS-Obersturmführer im RSHA, Dr. Kurt Gerstein, kennen, als er mich nach dem Gottesdienst in der Annen-Kirche zu Dahlem in der Sakristei aufsuchte. Ich hatte über das Fünfte Gebot: ›Du sollst nicht töten!‹ gepredigt. Am Ende des Gottesdienstes trat ein Herr in Zivil, den ich nicht kannte, in meine Sakristei. Er übergab mir ein Dokument mit rotem Rand und dem Aufdruck: ›Geheime Reichssache‹, an den SS-Obersturmführer Gerstein adressiert. Er sagte mir, er sei Gerstein und habe in seinem Koffer eine SS-Uniform. Er sei zufällig an der Annen-Kirche vorübergekommen und habe mit der Gemeinde am Gottesdienst teilgenommen. Für ihn sei der Umstand, daß er eine Predigt über das Fünfte Gebot gehört habe, eine Fügung der Vorsehung. Seit einigen Tagen martere ihn nämlich der Befehl in der ›Geheimen Reichssache‹, die er mir eben vorgelegt habe. Er solle sich eine gewisse Menge eines Blausäurepräparats beschaffen, die nach seiner Angabe genügen würde, einige Zehntausende von Menschen zu töten. Davon stand ausdrücklich nichts in dem Dokument geschrieben, aber er sei davon überzeugt, daß diese Blausäure zur Vernichtung von Menschen benutzt werden solle. Er hatte die Absicht, Selbstmord zu begehen.

Die Ausführung dieses Auftrags sei ihm unmöglich. Soweit ich mich erinnere, war er in die SS eingetreten, weil seine Schwester in einer Heilanstalt auf Anordnung der SS getötet worden sei und weil er die für diese Morde Verantwortlichen entdecken wollte. Jetzt habe ihn seine Stellung dahin gebracht, daß er an solchen Vernichtungsaufträgen mitarbeiten müsse, und auch er sei nun ein Mörder. Außerdem wisse er, daß die Männer, die für seine Loyalität gebürgt hätten, ermordet würden, wenn er sich selbst töte.

Ich habe lange mit Gerstein gesprochen und bin überzeugt, daß er wahrhaft ein Opfer dieses SS-Systems geworden war, das jeden in eine unentwirrbare Zwangslage brachte. Gerstein war tief verstört und sah keinen Ausweg. Danach hörte ich nicht wieder von ihm.

Fast auf den Tag ein Jahr später traf ich zufällig einen SS-Sturmführer, den ich zu kennen glaubte. Als ich auf der Fahrt Gelegenheit hatte, ihn näher zu betrachten, erkannte ich, daß es sich um Gerstein handelte. Was mich ihn nicht gleich auf den ersten Blick hatte erkennen lassen, war nicht nur der Umstand, daß er diesmal Uniform trug, sondern auch die starke Veränderung. Er war weiß geworden, und sein Blick war scheu und ängstlich. Erkannte mich Gerstein? Ich kann es nicht sagen. Ich begriff, daß er damals keinen Ausweg aus seiner Situation gefunden, sondern offenbar die Befehle ausgeführt hatte und daß sich davon sein ganzes Aussehen verändert hatte.

In der Folge begegnete ich Gerstein noch einmal privatim und konnte bei dieser Gelegenheit feststellen, daß er das typische Leben eines SS-Führers führte. Materiell mangelte es ihm an nichts (wir waren bereits in den letzten Kriegsmonaten), aber er wurde von Angst und Furcht verfolgt. Er war krank im physischen und psychischen Sinn des Wortes. Vor allem lebte er in ständiger Furcht vor der SS ...[7].«

Als Gerstein am 19. Februar 1943 zum SS-Obersturmführer ernannt wurde, gab der Chef seiner Dienststelle, Professor Mrugowsky, seinem Untergebenen eine sehr günstige Beurteilung:

»Gerstein hat die Abteilung Gesundheitstechnik aus kleinsten Anfängen aufgebaut, und seinem Können und persönlichen Einsatz ist die Entwicklung von Entwesungs-* und Trinkwasserzügen für die Waffen-SS zu danken. In seiner Arbeit hat er mit außerordentlich vielen Reichsbehörden und Wehrmachtsstellen zusammengearbeitet, alle Schwierigkeiten gemeistert und sich in seiner Arbeit vorzüglich bewährt [8].«

Der SS-Obersturmführer Kurt Gerstein wurde also von seinen Vorgesetzten geschätzt, und auf den ersten Blick spricht nicht das geringste dafür, daß er kein beispielhafter SS-Offizier gewesen wäre. Selbst sein Erscheinungsbild trug dazu bei, diese Rolle glaubhaft zu machen: Gerstein war ein ausgesprochen »germanischer Typ«; mit seinen 1,86 Metern und dem blonden Haar würde er, wenn sein Gesicht härter gewesen wäre, einer dieser Heldenstatuen geähnelt haben, mit denen der Hofbildhauer des Naziregimes, Arno Breker, die Gebäude des Reiches schmückte. Wenn es notwendig war, konnte Gerstein dem Bild auch noch den Ton hinzufügen: Nach seinen eigenen Angaben sprach er wie »sie«. Aus manchen Zeugnissen geht hervor, wie sehr es ihm gelang, sich zu tarnen: für Dr. Münch, einen der Auschwitzer Lagerärzte, war Gerstein brutal und einer jener SS-Führer, denen man aus dem Weg ging. Auch für Dr. Rose und Dr. Reichmuth war Gerstein ein bezeichnender Vertreter der SS [9].

Und dennoch war er hinter dieser Fassade ein kranker

* Die Spruchkammer spricht, sachlich ebenfalls richtig, statt von Entwesung von Entlausung.

Mensch, von Angst gefoltert und bald am Ende seiner Kräfte, ein Mensch, der sich versteckte. Gerstein war schon längere Zeit körperlich krank; man weiß nicht genau, wann seine Zuckerkrankheit entdeckt wurde; aber nach mehreren Zeugnissen hinderte ihn diese Krankheit daran, in der *Teutonia* Bestimmungsmensuren zu fechten, was für seine Anerkennung als Corpsbursch notwendig gewesen wäre. Jedenfalls hatte die Krankheit seit Beginn seiner militärischen Dienstzeit im Jahr 1941 »häufige Ausfälle und Befreiungen vom Dienst« zur Folge [10]; es »handelte sich dabei um präkomatöse Zustände, die seine Absencen und merkwürdigen Reaktionen erklären« [11]. In einem Brief, den Gerstein um jene Zeit an seine Frau richtete, schrieb er selbst auch von »Ausfallserscheinungen« [12]. Gersteins Krankheit könnte viele Dinge mindestens teilweise erklären, vor allem das sonderbare und verstörte Aussehen ebenso wie seine Depressionen und die Niedergeschlagenheit, die möglicherweise die Ursache seines Selbstmords im Juli 1945 gewesen sein könnten. Gersteins Sohn Arnulf schloß diese Hypothese in seinem Brief an die *Saarbrücker Zeitung* im Jahr 1964 nicht aus [13].

Welche Wirkung die physische Krankheit auch auf seinen Allgemeinzustand ausgeübt haben mag, so geht doch aus den verschiedensten Zeugnissen um nichts weniger hervor, daß Gersteins Nervenzustand seit 1942 immer schlechter wurde und daß er häufig den Eindruck psychischer Erschöpfung und tiefer Depression hervorrief:

»Körperlich und geistig erschien mir Gerstein zuletzt durch die ständigen Konflikte, denen er ausgesetzt war, so sehr belastet, daß ich ernstlich um seine Gesundheit besorgt war. Wiederholt kamen bei ihm Selbstmordgedanken zum Vorschein, die er dann aus religiösen Erwägungen unterdrückte [14].«

Derselbe Zeuge präzisierte das später dahin, daß Gerstein »infolge des ihm aufgenötigten Doppelspiels mit den Nerven außerordentlich herunter war und gelegentlich einen anormalen Eindruck machte[15].« Dabei erinnert man sich der Sätze von Baron von Otter: »Er schluchzte und schlug die Hände vors Gesicht. Ich dachte, er wird diese Gewissensqualen nicht mehr lange aushalten...« Und als sich die beiden vor der schwedischen Gesandtschaft wiederbegegneten: »Er schien völlig verzweifelt zu sein und war kaum in der Lage, einen Satz zu sprechen. Er war völlig aufgelöst...« Dem Architekten Völckers und seiner Frau fiel Ende 1942 auf, daß Gerstein »verstört« war. Denken wir auch an die Worte von Alexandra Bälz: »Mit einem Male fing Gerstein an, bitterlich zu weinen und zu schluchzen, wobei er immerzu wiederholte: ›Ich kann nicht mehr! Ich kann nicht mehr!! Nach dem ersten Ausbruch fingen seine Augen an, ganz unruhig zu flackern, und bekamen irgendwie einen gewissen irren Ausdruck.« Henk de Vos beschrieb eine sonderbare Szene: »Mehrmals litt Gerstein während des Gebetes unter Depressionen. Er war so niedergeschlagen und aufgeregt, daß wir ihn zur Ruhe mahnen mußten. Diese Abendandachten fanden fast immer im Schlafzimmer statt, wobei Gerstein im Bett lag.« Und schließlich wiederholen wir hier noch einige Worte von Mochalski: »Er wurde von Angst und Furcht verfolgt. Er war krank im physischen und psychischen Sinn des Wortes.«

Gersteins doppeltes Spiel, die Furcht, entdeckt zu werden, die Konflikte, die seine offizielle Rolle in ihm hervorriefen, würden genügen, um seine Depressionen und die Erschöpfung seiner Nerven zu erklären. Außerdem verfolgte ihn ständig das, was er in Belzec gesehen hatte: »Von einer halben Stunde zur andern verfolgte ihn die Tatsache der einlaufenden Vergasungszüge.«

Zu dieser Angst traten noch andere Elemente. Für viele seiner alten Freunde war Gerstein zum Renegaten geworden. Der Grund für seinen Eintritt in die SS war nur einer kleinen Gruppe bekannt. Selbst innerhalb seiner Familie fehlte es nicht an Spannungen, ohne daß es möglich wäre, die Zusammenhänge immer genau anzugeben. Eine Aussage von Armin Peters zeigt die Verwirrung, die die Konflikte in Gerstein hervorgerufen haben:

»In meinem Besitz«, schreibt Peters, »befindet sich neben zahlreichen anderen Unterlagen noch ein Brief aus dem Jahre 1942. Diesen Brief übergab er mir ›für alle Fälle‹; er war zu einem Zeitpunkt abgefaßt, wo er sich scheinbar von allen, auch seiner eigenen Frau und Verwandten, in die Enge getrieben glaubte. Nachdem ich die Überzeugung gewonnen hatte, daß Gerstein tot ist, habe ich diesen Brief geöffnet. Er setzt sich in diesem Schreiben, das an seinen Bruder, den Rechtsanwalt Fritz Gerstein in Hagen, gerichtet ist, mit dem Fall Niemöller und dem, was er hierin unternommen hat, auseinander und beschreibt die Drohungen und Erpressungsversuche, die er von ihm nahestehenden Menschen hat über sich ergehen lassen müssen, sowie die möglichen letzten Konsequenzen. Dieser Brief spricht für sich und offenbart die ganze dramatische Wucht und Tragik, die der Mensch Gerstein hat durchleben und durchkämpfen müssen. Am Ende des Krieges war seine letzte Kraft aufgezehrt und wahrscheinlich keine Reserve mehr vorhanden. Er wählte den Freitod, den er sich als ›die Freiheit der letzten Entscheidung‹ vorbehalten hatte[16].«

Schließlich hat sich Gerstein wahrscheinlich niemals ganz von den Schuldgefühlen befreit, die seine Jugend und die ersten Jahre seines Lebens als Erwachsener beherrschten. Die Situation, in die er im Jahr 1942 stürzte, mußte diese Schuldgefühle in höchster Intensität wiederbeleben. Vielleicht war Gott nun wieder zum schrecklichen Gott geworden:

»Es ist ein anderer Gott, den er hat und an den ich glaube«, schrieb Helmut Franz am 30. Mai 1944. »Es ist der Nicht-Gott, den er als Gott ansieht. Seine Gottesauffassung ist weitgehend alttestamentlich... und ergänzt sich im übrigen aus seinen persönlichen, subjektiven Kindheits- und Jugenderlebnissen ... [17].«

Danach erscheint das unbedingte Vertrauen in Gott, das Gerstein während des Krieges häufig geäußert hat, in gewissem Maß als das ständige Bedürfnis nach einer Art Rückversicherung, das eine tiefe Unsicherheit verbirgt: Würde Gott die Reinheit seiner Motive anerkennen? Würde er ihm verzeihen?

Diesen Konflikten und dieser Angst hätte sich Gerstein durch den Selbstmord entziehen können. Schon im Jahr 1938 hatte er daran gedacht [18]. Daß ihm dieser Gedanke im Krieg wiedergekommen ist, bestätigt Walter Eckhardt. Seine religiösen Überzeugungen hinderten ihn – mindestens eine Zeitlang – daran, seinem Leben selbst ein Ende zu setzen; außerdem wollte er am Leben bleiben, um Zeugnis abzulegen. Doch immer wieder fällt einem eine seltsame Unvorsichtigkeit auf, die ihn jedesmal das Leben hätte kosten können und die keinesfalls für die Erfüllung seiner Rolle notwendig gewesen wäre. Das, was er über die Vernichtungslager weiß, Leuten zu erzählen, die in nichts helfen können, die er kaum kennt und die allein schon durch ihre eigene Lage leicht Verhören und Folterungen unterzogen werden konnten – wie die beiden holländischen Arbeiter Nieuwenhuizen und Henk de Vos –, das hieß das Schicksal töricht und leichtfertig herausfordern. Die BBC in seiner Wohnung »brüllen« zu lassen war ebenso tollkühn. Schließlich verteilte Gerstein falsche Ausweise mit der erstaunlichsten Unbekümmertheit. So erhielten sowohl Pastor Mochalski als auch die Hausangestellte Niemöllers Ausweise als Angestellte der SS:

»Er gab der Hausangestellten einen Ausweis als Angestellte der SS. Damit hat Kurt Gerstein«, schreibt Martin Niemöller, »eine große Gefahr auf sich genommen, denn es bedarf keiner weiteren Ausführungen, was geschehen wäre, wenn herausgekommen wäre, daß Kurt Gerstein die Hausgehilfin eines der größten Gegner des Nationalsozialismus mit SS-Ausweisen versehen hatte ... [19].«

»Er erwartete mit Sicherheit den Tod«, schrieb der Architekt Völckers [20]. Vielleicht wäre es richtiger, zu sagen: Unbewußt erstrebte er den Tod, um den Konflikten zu entrinnen, die ihm immer unerträglicher wurden.

Zyklon B

Der SS-Sturmbannführer Günther vom Reichssicherheitshauptamt verlangte von Gerstein Anfang 1944 sehr große Lieferungen von Blausäure für einen unbekannten Zweck. »Die Säure sollte an seine Dienststelle, Berlin, Kurfürstenstraße, geliefert werden. Es gelang mir, ihm glaubhaft zu machen, daß dies wegen der großen damit verbundenen Gefahren nicht möglich sei. Es handelte sich um mehrere Waggons von Blausäure, die genügten, um viele Menschen, Millionen, zu töten! Er hatte mir gesagt, daß er nicht sicher sei, ob, wann, für welchen Personenkreis, auf welche Weise und wo man dieses Gift brauchen würde. Ich weiß nicht genau, welches die Absichten des Reichssicherheitshauptamtes und des SD waren. Ich habe aber später an die Worte von Goebbels gedacht von ›die Türen hinter sich zuschlagen, falls der Nazismus jemals Schiffbruch erleiden würde‹. Vielleicht wollten sie einen großen Teil des deutschen Volkes töten, vielleicht die Fremdarbeiter, vielleicht die Kriegsgefangenen – ich weiß es nicht! Auf alle Fälle ließ ich die Säure sofort nach Eintreffen zu Zwecken der Desinfizierung verschwinden. Dies war einigermaßen gefährlich für mich. Hätte man aber die giftigen Säuren gefunden, hätte ich geantwortet: Sie seien bereits in gefährlicher Auflösung begriffen, und deswegen müßte ich sie zur Desinfizierung verwenden. Ich bin sicher, daß Günther … nach seinen eigenen Worten den Befehl hatte, die Säure zur eventuellen Tötung von Millionen Menschen, vielleicht auch in Konzentrationslagern, zu beschaffen.

Ich habe Rechnungen bei mir über 2 175 kg; in Wirklichkeit handelt es sich aber um 8 500 kg, genug, um acht Millionen Menschen zu töten. Ich ließ die Rechnungen auf meinen Namen ausschreiben, aus – wie ich sagte – Gründen der Diskretion, in Wirklichkeit aber, um einigermaßen freie Hand in der Verfügung über die giftige Säure zu haben und sie leichter verschwinden zu lassen. Ich habe diese Lieferungen niemals bezahlt, um die Rückvergütung zu vermeiden und den SD nicht an die Vorräte zu erinnern. Der Direktor der Degesch, der diese Lieferungen vorgenommen hat, hat mir gesagt, daß er Blausäure in Ampullen zur Tötung von Menschen geliefert hat. Ein anderes Mal hat Günther mich befragt, ob es möglich wäre, eine große Anzahl Juden, die dem offenen Wind in den Gräben der Festung Theresienstadt ausgesetzt würden, zu töten. Um solche teuflische Tat zu verhindern, erklärte ich, daß solche Methode unmöglich sei. Einige Zeit später hörte ich, daß der SD sich auf andere Art Blausäure zur Tötung dieser armen Menschen in Theresienstadt besorgt hatte. Die schlimmsten Konzentrationslager waren nicht Oranienburg, nicht Dachau und nicht Belsen – sondern Auschwitz (Oswiecim) und Mauthausen-Gusen bei Linz an der Donau. Dort sind Millionen von Menschen in Gaskammern, durch Autos in der Art von Gaskammern, gestorben. Die Methode, Kinder zu töten, bestand darin, daß man ihnen einen Wattebausch mit Blausäure unter die Nase hielt [1].«

Dem Gerstein-Bericht in französischer Sprache lagen zwölf Rechnungen der Firma Degesch bei, die die Lieferung des Gases Zyklon B (Blausäure) betrafen. Diese Rechnungen waren auf Gersteins Namen ausgestellt. Am Schluß des eben zitierten Berichts sind noch folgende Sätze Gersteins angefügt:

»Gemäß den beiliegenden Notizen wurde die Blausäure

vom Reichssicherheitshauptamt, Berlin W 35, Kurfürstenstraße, auf Befehl des SS-Sturmbannführers Günther angefordert. Ich, der ich für dieses Ressort verantwortlich war, habe mein möglichstes getan, um die Blausäure nach ihrem Eintreffen in Oranienburg und Auschwitz in den Desinfizierungskammern verschwinden zu lassen. Auf diese Weise konnte ein Mißbrauch der Säure vermieden werden. Ich habe diese Lieferungen, die alle an die gleiche Anschrift gerichtet waren, nie selbst bezahlt, um zu vermeiden, daß das Reichssicherheitshauptamt an das Vorhandensein – oder besser das Nicht-Vorhandensein – dieser Bestände erinnert wurde. Auf diese Weise war es möglich, die Säure unmittelbar nach dem Eintreffen verschwinden zu lassen. Wenn das Fehlen der Säure bemerkt worden wäre, hätte ich erklärt, daß ein Irrtum der örtlichen Desinfizierungsstelle vorliege, die den tatsächlichen Verwendungszweck der Säure nicht kenne und nicht kennen dürfe, oder ich hätte erklärt, daß die Säure sich zersetzt habe und daß es nicht möglich gewesen sei, sie noch länger aufzubewahren [2].«

Gerstein hatte vorher in seinem Bericht nicht über seine Funktionen in der Hygieneabteilung der SS und die Art der Gasbestellungen gesprochen, die er seit 1942 regelmäßig vorgenommen hatte.

Um diese Zeit wurden die Lager Belzec, Treblinka, Sobibor und Maidanek allmählich durch ein einziges ungeheures Vernichtungszentrum ersetzt, wo fast zwei Millionen Menschen umkamen: Auschwitz. Das Dieselgas hatte der Blausäure, dem Zyklon B, Platz gemacht.

Will man versuchen, über die Rolle Gersteins Klarheit zu erhalten, muß man zunächst die Produktions- und Verteilungswege des Gases Zyklon feststellen.

Das Zyklon war bereits lange vor dem Krieg für Desinfektionszwecke und als sehr wirksames Insektizid verwendet worden. Von Kriegsbeginn an stieg die Produktion rasch. Die Herstellungsgesellschaft war die Degesch, Deutsche Gesellschaft für Schädlingsbekämpfung; als Verteilungsfirmen dienten die Heli und die Testa. Letztere, deren Sitz sich in Hamburg befand, lieferte das Gas an alle Teile Deutschlands östlich der Elbe und an die besetzten Gebiete Osteuropas. Die Gesamtproduktion von Zyklon B zwischen 1938 und 1944 betrug:

1938	160,0 Tonnen
1939	179,8 Tonnen
1940	242,0 Tonnen
1941	193,6 Tonnen
1942	321,3 Tonnen
1943	411,2 Tonnen
1944	231,0 Tonnen [3]

Der Bedarf der Wehrmacht hatte während des Krieges unbedingten Vorrang, das gleiche gilt aber auch für den Bedarf der Waffen-SS. Diese hatte in Oranienburg eine Schule für Desinfektoren eingerichtet – wo Gerstein seine Grundausbildung erhalten hatte – und bildete dort ihr eigenes Personal aus. Von Mitte 1943 an gingen die Bestellungen von Zyklon B der Wehrmacht und der Waffen-SS grundsätzlich über den Sanitätsdienst der Wehrmacht, doch tatsächlich konnte sich die SS für ihren Bedarf selbst das Zyklon beschaffen [4].

Für Auschwitz bestellte die SS im Jahr 1942 allein 7 478 kg Zyklon, im Jahr 1943 schon 12 174 kg. Für 1944 besitzen wir nur unvollständige Angaben über Lieferungen von 1 999 kg [5].

Die Tötung durch Zyklon B fand in großen Gaskammern statt, die jede bis zu 2 000 Personen faßten und als Dusch- und Desinfektionssäle getarnt waren. Nach dem hermetischen Verschluß der Türen wurde das Zyklon durch eigens zu diesem Zweck angebrachte Öffnungen in die Kammern geleitet.

Die SS-Dienststelle, die das Gas für Desinfektion und Vernichtung von Menschen zu bestellen hatte, war die Hygieneabteilung des Professors Mrugowsky; der mit den technischen Verhandlungen mit der Firma Degesch beauftragte Offizier, der auch einen Teil der Bestellungen ausschrieb, war Obersturmführer Kurt Gerstein. Er bestellte das Gas, das dann in die militärischen Lager und in die Konzentrationslager vom Typ Oranienburg – wo das Gas zur Desinfektion benutzt wurde – und nach Auschwitz geschickt wurde, wo es zum Teil zur Desinfektion und zum großen Teil für die Vernichtung verwendet wurde. Wir wollen hier jedoch gleich anmerken, daß zwar anscheinend fast die Gesamtmenge des für Tötungen bestimmten Gases von der Abteilung Dr. Mrugowskys bestellt zu sein scheint, daß jedoch die Rolle Gersteins dabei nicht recht feststeht. Beispielsweise scheinen die von Gerstein für Auschwitz bestellten Gasmengen nur einen Bruchteil der gesamten Gasmenge zu bilden, die an dieses Lager geliefert worden ist; und man weiß nicht, was von diesem kleinen Bruchteil für die Desinfektion und was für die Tötungen bestimmt war.

Gerstein selbst hat zwölf Rechnungen der Degesch vorgelegt, die auf seinen Namen ausgestellt sind und sich auf Lieferungen von Zyklon B an Auschwitz und Oranienburg im Jahr 1944 beziehen. Nach diesen Rechnungen betrug die im Jahr 1944 für Auschwitz bestimmte Menge nur (und durch die alleinige Vermittlung Gersteins) 1 185 kg. Eine solche Menge hätte, falls sie zur Vernichtung benutzt worden wäre, genügt, um etwa eine halbe Million Menschen zu töten.

Die Gasbestellungen, von denen Gerstein selbst zugab, daß er sie im Jahr 1944 vorgenommen habe, werden durch eine Reihe von Briefen bestätigt. Am 24. Mai 1944 richtete Gerstein folgendes Schreiben an den Direktor der Degesch:

»Sehr geehrter Herr Dr. Peters! Es wird um eine ganz kurze Aufstellung der noch nicht bezahlten Rechnungen gebeten, damit ich die noch nicht bezahlten Beträge nun umgehend im Ganzen überweisen kann.

Außerdem bitte ich um Angabe, wie lange Sie die Haltbarkeit der Sonderlieferung Oranienburg und Auschwitz ansehen. Falls Bedenken wegen der Dauer der Lagerung bestehen sollten, müßten wir die Lieferungen aus den ersten Sendungen mit zu Entwesungszwecken verbrauchen und jeweils nur frische Lieferungen verwahren. Bisher ist von diesen Mengen überhaupt noch nichts verbraucht. Andererseits werden erhebliche Mengen – d. h. eigentlich die ganzen verwahrten Mengen – unter Umständen plötzlich benötigt. Aber die Sicherheit bzw. die Haltbarkeit steht natürlich obenan. Heil Hitler! Ihr ergebener Kurt Gerstein, SS-Obersturmführer [6].«

Diese rätselhaften Zeilen sollten vielleicht die Pläne Gersteins tarnen. Aber welche Pläne? Hat er sich nach der Haltbarkeit des Stoffes erkundigt, um nachher aufgrund dieser schriftlichen Beweisstücke vorgeben zu können, daß der Stoff zersetzt und nicht mehr verwendbar sei? Was bedeutet der Satz: »Andererseits werden erhebliche Mengen – d. h. eigentlich die ganzen verwahrten Mengen – unter Umständen plötzlich benötigt«?

Am 7. Juni 1944 erwidert die Verwaltung der Degesch auf Gersteins Brief: »Herr Dr. Peters hat uns Ihr Schreiben zur Beantwortung übergeben. Anbei senden wir Ihnen zunächst eine Aufstellung über die unbezahlten Rechnungen bis zum 18. v. M. ...

Was nun Ihre Frage wegen der Lagerfähigkeit der Ware anbetrifft, so können wir Ihnen mitteilen, daß wir die

Garantie für ein Jahr übernehmen. Wir zweifeln nicht daran, daß die Ware auch länger gelagert werden kann, möchten Sie jedoch bitten, in Anbetracht der heute besonders prekären Lage nach Möglichkeit die Lagerzeit nicht zu überschreiten, sondern die ältesten Sendungen schon für Entwesungszwecke mitzubenutzen. In diesem Zusammenhang müssen wir Ihnen mitteilen, daß unser Lieferwerk bei den Angriffen an den Pfingsttagen unangenehm getroffen worden ist, so daß die Fabrikation vollkommen unterbrochen wurde. Wie wir von unserem Werk hören, werden zur Wiederherstellung ca. 3 Monate benötigt. In dieser Zeit sind wir also nicht in der Lage, unseren Verpflichtungen Ihnen gegenüber nachzukommen. Sollten Sie jedoch dringend um Ware verlegen sein, was wir allerdings – nach Ihren Zeilen zu urteilen – uns nicht recht vorstellen können, so bitten wir um Mitteilung. Vielleicht ist es uns in absehbarer Zeit möglich, in einem anderen Betrieb gewisse Mengen herstellen zu lassen.

Wegen der Haltbarkeit der Ware möchten wir noch besonders hervorheben, daß eine Zersetzung derselben kaum vorkommen kann, daß es aber immerhin möglich ist, daß die Dosen angegriffen werden. Kleinste Unreinigkeiten in dem Blech, die oft nur mikroskopisch wahrnehmbar sind, sind die Ursache für Anfressungen. Es entstehen daran kleine Löcher, durch die etwas Blausäure entweichen kann. Eine Gefahr besteht aber auch dann nicht, vorausgesetzt daß die Ware, wie auch von uns vorgeschrieben, in einem gut lüftbaren Lager aufbewahrt wird. Sollte also einmal Blausäuregeruch wahrgenommen werden, so ist zu empfehlen, die betreffenden Kisten zu untersuchen und die beschädigten Dosen baldigst zu gebrauchen [7].«

Die von Gerstein vorgelegten Rechnungen bezogen sich sämtlich auf das Jahr 1944. In seinem Bericht sprach er im wesentlichen von den Ereignissen des Jahres 1942 sowie von dem Auftrag Günthers im Jahr 1944, den er verhindert habe. Tatsächlich gibt es jedoch auch dokumentarische Beweise für Gaslieferungen im Jahr 1943, die Gerstein vermittelt hat. Das geht z. B. aus einem Brief der Degesch an Dr. G. Peters vom 8. Januar 1946 hervor:

»Bei der Kontrolle unserer Bücher stoßen wir unter anderem auf eine Forderung an den Obersturmführer Kurt Gerstein, Oranienburg G 36, in Höhe von 17 000 RM, die sich aus Lieferungen vom 30. Juni 1943 bis 31. Mai 1944 ergeben. Die Lieferung selbst wurde seinerzeit bekanntlich von Ihnen persönlich veranlaßt [8].«

Am 20. erwiderte Peters:

»Die Lieferungen des Zyklons, die Sie erwähnen, sind seinerzeit von mir in meiner Eigenschaft als geschäftsführender Direktor der Degesch veranlaßt und genehmigt worden... Danach habe ich mehrmals vergeblich versucht, die fälligen Rechnungsbeträge zu erhalten. Ich habe mich an die Dienststelle gewendet, für die der Obersturmführer Gerstein zeichnete und die die gleiche war, für die sonst Professor Mrugowsky in Erscheinung trat... [9].«

Die Buchführung der Dienststelle Gersteins weist die Bestellung von 1 420 kg Zyklon von Juni 1943 bis November 1943 bei der Degesch aus [10]. Wahrscheinlich fand im Juni 1943 [11] auch die Unterhaltung zwischen Gerstein und Dr. Gerhard Peters statt, über die Peters nach dem Krieg berichtete. Dabei geschah nach seiner Angabe folgendes:

»Professor Mrugowsky bat mich nach Berlin zu Dr. Gerstein zu kommen. Dieser gab mir als ›Geheime Reichssache‹ eine Bestellung, die unmittelbar für ihn bestimmt sei...

Es handelte sich um eine laufende Lieferung von insgesamt vielleicht 1 200 bis 1 500 kg. Ich erinnere mich der Menge nicht mehr genau, aber wenn ich mich auf die nichtbezahlten Rechnungen für diese Lieferung stütze, die etwa 16 000 RM betrugen, könnte es auch erheblich mehr gewesen sein.

Zu Anfang des Besuchs, den ich auf Mrugowskys Aufforderung hin bei Gerstein machte, verpflichtete dieser mich zunächst zu strengster Geheimhaltung ... es handelte sich um die Verwendung von Blausäure nicht zur Desinfektion, sondern gegen Menschen. Ich verstand ihn zunächst nicht und erwiderte, daß ich davon schon seit einiger Zeit wisse, da mir von der Wehrmacht ein Auftrag gegeben worden sei (ich dachte an den Geheimauftrag, mit dem mich die Wehrmacht betraut hatte, dessen Zweck offenbar der war, die Blausäure als Kampfgas einzusetzen). Gerstein beseitigte das Mißverständnis, indem er mir mitteilte, daß auf Anordnung des Reichsführers SS eine gewisse Anzahl von Verbrechern, unheilbar Kranken – beispielsweise Geisteskranke – und Minderwertigen getötet worden, daß die dabei benutzten Verfahren grausam und abscheulich gewesen seien und daß man Versuche mit Blausäure angestellt habe, um die Sache humaner zu machen; doch selbst diese Methode sei sehr grausam, da man nur das Zyklon habe benutzen können, über das die SS verfüge. Er sagte, er sei sehr interessiert daran, das Schicksal der unglücklichen Opfer zu verbessern, deren Qualen ihm zu Herzen gegangen seien. Er denke an einen weit schnelleren Tod mit Hilfe flüssiger Blausäure. Da ich meinte, daß es sich um eine mehr oder minder von Gerstein geleitete Aktion handele, berichtete ich ihm, daß ich Kenntnis von einem ähnlich grausamen Verfahren in einem Lager hätte (ein befreundeter Kollege war nach Frankfurt gekommen und hatte mir entsetzliche Fotos gezeigt). Es handelte sich dabei um eine Serie, die skeletthafte Menschen mit dem Tode ringend zeigte; dabei war angegeben worden, daß diese Menschen mit dem Zyklon getötet worden waren. Da Gerstein und ich von der Grausamkeit eines solchen Verfahrens überzeugt waren, das jedoch unerläßlich und auf Befehl ausgeführt wurde, überlegten wir noch einmal, auf welche Weise diese Tötungen weniger unmenschlich durch die Anwendung geeigneter Methoden gemacht werden könnten. Gerstein sagte, daß die Qualen, die er beobachtet habe, auf den Reizstoff zurückzuführen seien, der in dem Zyklon, wie es heute verkauft werde, enthalten sei. Da ich nicht wußte, wie ich mir reine flüssige Blausäure beschaffen konnte, blieb mir nur die Möglichkeit, Zyklon ohne Reizstoff herzustellen. Gerstein verlangte ausdrücklich, daß ihm dieses Zyklon ohne die Zwischenschaltung der Testa geliefert werde. Soweit ich mich erinnere, sprachen wir dann über die für die Konzentrationslager Auschwitz und Oranienburg erforderlichen Mengen, die übrigens auch geliefert wurden. Es war nicht sehr viel, was er brauchte. Doch ich erklärte, es sei besser, ausreichende Mengen zu bestellen und den größeren Teil davon zur Desinfektion der Örtlichkeiten zu benutzen, damit von vornherein jeder Argwohn zerstreut werde. Ich sagte ausdrücklich, daß im Fall einer großen Bestellung praktisch niemand an die Verwendung zu Tötungszwecken glauben würde ... [12].«

Wie soll man die Bedeutung dieser entscheidenden Aussage bewerten? Für die Wahrheit haben wir nur einen einzigen Bürgen, Dr. Peters selbst, der diese Aussage auf der Anklagebank machte; doch erlaubt uns keine Tatsache, seinen Bericht für falsch zu halten.

Das Frankfurter Gericht hat die Unmöglichkeit dargelegt, genau nachzuweisen, daß das von Gerstein bei Dr. Peters bestellte Zyklon ohne Reizstoff verwendet worden ist, und sich dabei auf Zeugenaussagen der SS-Angehörigen aus Auschwitz selbst gestützt. Dann bliebe also nur noch das Zeugnis von Gerstein selbst. Das Gericht hat versucht, systematisch zu analysieren, was Gerstein bei verschiedenen Gelegenheiten – in seinen Berichten und vor verschiedenen Zeugen – dazu erklärt hat, was aus dem von ihm bestellten Zyklon geworden ist. Diese Analyse ist bis auf den heutigen Tag die methodischste Untersuchung zu diesem Thema. Das Gericht kam zu so wahrscheinlichen Schlüssen wie dem folgenden:

»... Als Grund für seine Fahrt nach Belzec gibt Gerstein übereinstimmend an, daß er von dem SS-Sturmbannführer Günther den Auftrag bekommen hat, ein Quantum Blausäure, und zwar nach den Dokumenten zu 1) und 2) 100 kg, nach dem Dokument zu 3) 260 kg[13], zu beschaffen und nach einem unbekannten Ort zu fahren. Über diese Blausäure wird in den Dokumenten nach der Schilderung des Besuches in Belzec folgendes gesagt:

In dem Dokument zu 1) – in deutscher Übersetzung –:

›Ich log – was ich auf alle Fälle getan hätte –, daß sich die Blausäure bereits zersetzt hätte und sehr gefährlich sei. Ich sei gezwungen, sie einzugraben, was augenblicklich getan wurde.‹ [14]

In dem Dokument zu 2):

›Die Blausäure habe ich unter meiner Aufsicht vergraben lassen, da sie angeblich in Zersetzung geraten war.‹

In dem Dokument zu 3):

›Die mitgenommene Blausäure habe ich vergraben lassen.‹

Gerstein erwähnt dann zum Schluß, daß er Anfang 1944 nochmals für Günther sehr große Mengen Blausäure beschaffen sollte, und zwar für einen sehr dunklen Zweck. Er habe entnommen, daß in einer Art Lese- oder Klubräume eine sehr große Zahl von Menschen umgebracht werden sollte. Die Blausäure sollte in Berlin gelagert werden, was er jedoch unter Hinweis auf die Gefährlichkeit habe verhindern können. Es heißt dann weiter:

In dem Dokument zu 1) – in deutscher Übersetzung –:

›Auf alle Fälle ließ ich die Säure sofort nach Eintreffen der Desinfizierung verschwinden. Dies war einigermaßen gefährlich für mich. Hätte man aber die giftigen Säuren gefunden, hätte ich geantwortet: Sie sind bereits in gefährlicher Auflösung begriffen, und deswegen mußte ich sie zur Desinfizierung verwenden.‹

In dem Dokument zu 2):

›Auf jeden Fall richtete ich es so ein, daß die Blausäure sofort nach ihrer Ankunft in den beiden Konzentrationslagern Oranienburg und Auschwitz für irgendwelche Zwecke der Desinfektion verschwand. Das war etwas gefährlich für mich, aber ich hätte einfach sagen können, daß das Gift sich bereits in einer gefährlichen Zersetzung befunden habe.‹

Zu dem Dokument 3):

›Mit Mühe gelang es mir dann, ihn (Günther) zu überreden, das Gift in den Konzentrationslagern Oranienburg und Auschwitz zu verwahren. Ich richtete es dann so ein, daß ich das Gift sofort nach Eintreffen jeweils für die Zwecke der Desinfektion, die dort laufend Waggons Blausäure brauchte, verschwinden ließ. Die Rechnung der Lieferfirma Deutsche Gesellschaft für Schädlingsbekämpfung Frankfurt/M. und Friedberg – ließ ich auf meinen Namen ausstellen, angeblich wegen der Geheimhaltung, in Wahrheit, um in meinen Dispositionen ungestörter zu sein und um das Gift besser verschwinden lassen zu können. Aus dem gleichen Grunde habe ich es stets vermieden, die vielen laufenden Rechnungen je zur Bezahlung vorzulegen . . .‹

Es liegt noch ein weiteres Dokument von der Hand Gersteins vor, in dem er sich über den Verbleib der Lieferungen nach Oranienburg und Auschwitz geäußert hat: der bereits erwähnte Brief Gersteins an die Degesch zu Händen des Angeklagten (Dr. Peters) vom 24. Mai 1944. Dort heißt es:

›Bisher ist von diesen Mengen überhaupt noch nichts verbraucht.‹ Auch zu verschiedenen Zeugen hat Gerstein über diese Lieferungen gesprochen ...«

Das Gericht faßt sodann die Aussage von Pastor Mochalski zusammen und geht darauf zu andern Erklärungen über:

»Dem Zeugen Pfarrer Rehling hat er ebenfalls von dem Auftrag zur Besorgung von Giftstoffen erzählt. Er habe sich bemüht, bei der Lieferfirma durch Andeutungen zu erreichen, daß die Blausäure schlecht verpackt würde, was ihm aber nicht gelungen sei. Sie hätten dann aber dafür gesorgt, daß ›die Dinger auf dem Transport kaputt gingen‹. Gerstein habe ihm auch gesagt, daß er hochanständige, zuverlässige Leute in der SS hätte, die die Transporte verhindern könnten. Gerstein habe ihm mehrfach gesagt, daß er Material vernichtet hätte. Daraus habe er entnommen, daß es sich nicht nur um einen Fall gehandelt hätte. Auch diesem Zeugen ist eine Veränderung bei Gerstein und sein frühes Ergrauen aufgefallen. Der Zeuge hat seinen Eindruck über das Verhalten Gersteins dahin zusammengefaßt, daß dieser sich in letzter Verantwortung in dieses Zwielicht, in dem seine Beurteilung erscheinen muß, begeben hätte.

Zu den Zeugen Prälat Buchholz, Dr. Eckhardt, Nebelthau, Wehr, Scharkowski und Menne hat sich Gerstein in gleicher oder ähnlicher Weise geäußert: Er habe sich bemüht zu sabotieren, er habe Giftstoffe fehlgeleitet, er versuche zu verhindern, was er verhindern könne, es sei ihm gelungen, Sendungen ihrem Bestimmungszweck zu entziehen.

Als der Zeuge Dr. Eckhardt Gerstein im Oktober 1944 sprach, machte er auf ihn einen niedergebeugten Eindruck, erzählte ihm Einzelheiten über die Vernichtung von Blausäure und sagte, seine Hände seien rein.

In diesem Zusammenhang soll noch besonders auf die Aussage des Zeugen Armin Peters eingegangen werden. Dieser Zeuge hat auf das Gericht keinen durchaus günstigen Eindruck gemacht. Seine Angaben sind oft unklar und widerspruchsvoll gewesen, er hat sie berichtigen, einschränken oder ganz widerrufen müssen. Trotzdem haben sich nach der Überzeugung des Gerichts zwei Punkte seiner Aussage als eindeutig festgestellt ergeben: einmal, daß der Zeuge nur im Jahre 1942 über eine Blausäurelieferung mit Gerstein gesprochen hat, und zweitens, daß der Zeuge von Blausäurelieferungen nach Auschwitz nichts weiß. Denn Gerstein hat ihm im Jahre 1942 einen geheimen Auftrag des Höheren SS- und Polizeiführers Lublin für die Beschaffung von Blausäure zur ›Schädlingsbekämpfung‹ gezeigt. Der Zeuge glaubt, daß von monatlichen Lieferungen die Rede war. Hierbei hat Gerstein gesagt, daß ›die diese Menge nicht kriegen‹ würden.

Gerstein hat, wie der Zeuge bekundet hat, die erste Lieferung auf dem Wege zum Bestimmungsort unbrauchbar gemacht. Der Zeuge weiß, daß diese Lieferung keinesfalls aus Frankfurt kam; er kann sich auf ›Prag‹ entsinnen. Für die Zeit nach 1942 kann der Zeuge nichts Positives sagen, er hat sich dahin ausgedrückt: ›Von Aufträgen nach 1942 weiß ich nichts Konkretes, d.h. nach Maß, Zahl oder Gewicht.‹ Der Zeuge hat aber nie gehört, daß über Gerstein Lieferungen nach Auschwitz gegangen sind. Allerdings hat ihm Gerstein später erzählt, daß er nicht mehr die eine oder andere Sache verhindern könne, wie er dies am Anfang getan habe. Daraus folgt, daß die ›erste Lieferung‹, die

Gerstein unbrauchbar gemacht hatte, sich nur auf die im Zusammenhang mit seinem Besuch in Belzec in seinem Bericht erwähnte Lieferung beziehen kann und nicht auf die Lieferungen nach Auschwitz, so daß sich daraus keine Schlußfolgerung ziehen läßt, daß und ob Gerstein die späteren Lieferungen nach Auschwitz verhindern konnte oder nicht...

Für Gerstein waren die Bemühungen, die Massentötungen zu verhindern, maßgebend, und er schilderte daher diese Bemühungen. Damit ist nicht gesagt, daß es unwahr ist, wenn er Mißerfolge verschwieg, denn es ist menschlich verständlich und zumutbar, daß er nicht schildern wollte, wenn ihm seine Bemühungen nicht gelangen. Bezeichnend ist ja, daß er über die zwei von ihm berichteten Fälle der Fehlleitung... keinerlei Einzelheiten angibt und sich auf die allgemeine Angabe, ›er habe die Blausäure vergraben lassen‹ bzw. er habe es so eingerichtet, ›daß die Blausäure sofort nach ihrer Ankunft in den beiden Konzentrationslagern Oranienburg und Auschwitz für irgendwelche Zwecke der Desinfektion verschwand‹, beschränkt. Die letztere Angabe, die sich auf die von dem Angeklagten gelieferte Blausäure bezieht, besagt nicht, daß die Blausäure dann auch tatsächlich für Zwecke der Desinfektion und nicht, wenn auch nur teilweise, für andere Zwecke verwandt worden ist. Gerstein mag die Absicht gehabt haben, die Blausäure für Desinfektionszwecke zu verwenden bzw. verwenden zu lassen. Ob er, nachdem die Blausäure in den beiden Konzentrationslagern ›verschwunden‹ war, noch die Möglichkeit hatte, die von ihm beabsichtigte Verwendung, nämlich für Desinfektionszwecke, ganz oder teilweise, nun auch tatsächlich zu erreichen, läßt sich mangels einer genaueren Darstellung von seiner Seite nicht mehr feststellen.

Die Angabe Gersteins in dem Brief vom 24. Mai 1944,

bisher sei von diesen Mengen überhaupt noch nichts verbraucht worden, steht dem nicht entgegen. Es bestand durchaus die Möglichkeit, daß die... Blausäure, wenn sie tatsächlich dem Einflußbereich Gersteins entzogen worden sein sollte, auch nachher noch für Tötungen... benutzt wurde...

Gerstein hat nun Zeugen gegenüber geäußert, ›seine Hände seien rein‹. Ähnlich hat er sich in einem undatierten Brief aus Berlin, der zum Gegenstand der Verhandlung gemacht worden ist und nach der Aussage der Witwe im September 1944 geschrieben sein muß, geäußert...

Gersteins Bemühungen, die mit dauernder Todesgefahr verbunden waren, könnten genügt haben, um ihn davon zu überzeugen, daß sein Gewissen und seine Hände rein waren. Daß diese Bemühungen auch immer den beabsichtigten Erfolg hatten, besagt diese Überzeugung nicht.

So hat es auch der Zeuge Prälat Buchholz, der damals den Dingen näher war... aufgefaßt, als Gerstein ihm sagte, er habe sich bemüht zu sabotieren: daß Gerstein darunter gelitten habe, daß er nicht alles verhindern konnte, was durch seine Hand ging. Dies entspricht auch dem Eindruck, den der Zeuge Pfarrer Mochalski bei seinem... letzten Zusammentreffen von Gerstein hatte.

Gerstein stellt danach den Typ des Mannes dar, der das Nazi-Regime innerlich aus tiefster Überzeugung ablehnte, ja haßte, aber mitmachte, um Schlimmeres zu verhüten und von innen heraus dagegen zu arbeiten. Gerstein war aber nur ein SS-Obersturmführer, ein verhältnismäßig kleines und nur auf einem beschränkten Gebiet wesentliches Rad in einer ungeheuren Maschinerie. Seine Bedeutung und sein Einfluß waren bei bestem Bemühen und allen guten Absichten nicht groß genug, um die Maschinerie zum Halten zu bringen, oder konkreter, das, was aus seinem unmittelbaren Gebiet herausgelangt war, noch beeinflussen und lenken zu können. Die Maschinerie war stärker als er, er mußte dies einsehen und hat offensichtlich darunter und unter dem dadurch wohl, zumindest teilweise, bedingten Versagen seiner Bemühungen schwer gelitten ...

Das Gericht stellt zusammenfassend folgendes fest:

1. Das von Gerstein bestellte Zyklon B ist zum Zwecke der Tötung geliefert worden ...

2. Gerstein hat dieses Zyklon B nicht aus eigenem Antrieb, sondern im Auftrage der SS bestellt.

3. Gerstein hat sich zwar bemüht, das Zyklon B anders als zu Tötungen zu verwenden, es ist aber die Möglichkeit nicht auszuschließen, daß ihm dies nicht restlos gelungen ist[15].«

Das Ende

Am 5. März 1944 schrieb Gerstein, in einem Lazarett in Helsinki liegend, an seinen Vater:

»Lieber Vater! Einen einsamen Sonntagabend benutze ich, um Dir den lange fälligen Brief zu schreiben. An sich schreibe ich – *sehr* im Gegensatz zu früher! – sozusagen überhaupt keine Briefe. Nicht, als ob ich niemand etwas zu sagen hätte. Was ich aber zu sagen habe, ist in mir selbst noch so am Arbeiten, daß ich es nicht immer zu Papier bringen kann. Zudem ist eine der Mindestanforderungen und Voraussetzungen eines Briefes wenigstens ein gewisses Maß an innerer Wahrhaftigkeit. Durch höhere Gewalt sind dieser enge Grenzen gezogen, und gebranntes Kind scheut das Feuer. Aber dennoch muß ich Dir einmal schreiben. Denn selbst wenn bei unseren spärlichen Wiedersehen die Möglichkeit bliebe, Auge in Auge und in Ruhe und Stille einmal so zu sprechen, wie Vater und Sohn miteinander sprechen müßten, so ergibt sich eine ausreichende Gelegenheit hierzu praktisch eben doch nie.

Es ist nun auch nicht so, daß ich Dir nichts zu sagen hätte. Ganz im Gegenteil. Oft und viel führe ich Selbstgespräche mit Dir. Ich glaube Euch gern, daß es besonders schwer für Euch war, in mich die Fundamente unserer sittlichen Bildung zu legen. Im Blick auf Gegenwart und Zukunft, auch im Rückblick glaube ich das ›Erkenne dich selbst‹ * weitgehend verwirklicht zu haben. Mindestens für mich selbst

* Im Originalbrief griechisch geschrieben.

bin ich mir in positivis et in negativis, im Guten wie im Bösen recht klar. Was mir so außerordentlich schwierig ist, ist dies, zu begreifen, wie dem Zweck so nahezu jede Hemmungen, Begriffe und Maßstäbe geopfert werden. Weitgehend hattet doch gerade Ihr diese Maßstäbe in uns hineingelegt und sie als unveräußerliches Unterpfand in uns genährt und gefestigt. Ich denke an die Mühle auf Deinem Schreibtisch mit unserem Namen: *G*erechtigkeit, *E*hrenhaftigkeit, *R*uhe, *S*icherheit, *T*reue, *E*hrlichkeit, *I*nnigkeit – gilt das alles nur für das Leben des Einzelnen? Gibt es Ziele und Werte – und seien es die höchsten –, denen ich, denen wir alle diese Werte nachordnen und u. U. opfern dürfen? Haben wir überhaupt ein Verfügungsrecht über ein uns anvertrautes Pfand, die Gerechtigkeit? Dürfen wir je die Güte preisgeben, von der es heißt, daß wir darin allein uns von allen Geschöpfen, die wir kennen, unterscheiden? Kann irgend etwas Verheißung haben, wenn es diese Höchstwerte und die Grundlagen allen Seins bewußt und platt mit Füßen tritt? Ich weiß nicht, was in Dir vorgeht, maße mir auch nicht im leisesten ein Recht an, dies wissen zu wollen. Aber wenn jemand ein Leben beruflich dem Recht gedient hat, muß doch in den letzten Jahren einiges in ihm vorgegangen sein. Tief erschreckt hat mich Dein Wort, das Du mir in einem bitteren Augenblick meines Lebens zuriefst oder vielmehr schriebst, als ich mit schwersten Dingen rang: Harte Zeiten erfordern harte Mittel! – Nein, ein solches Wort reicht nicht aus, um Geschehenes vertretbar zu machen. Ich kann es nicht glauben, daß dies das letzte Wort meines Vaters zu so beispiellosem Geschehen ist, meines alten Vaters, der mit einem solchen Wort und einem solchen Denken nicht von hinnen gehen darf. Mir will scheinen, daß wir alle, die wir noch einige Zeit zu leben haben, noch genügend Veranlassung (haben werden), allein über die praktischen

Möglichkeiten und Grenzen, auch über die Folgen der Hemmungslosigkeit nachzudenken. Es gibt so mancherlei Binsenwahrheiten, die einfach als Fundamente der uns gesetzten Ordnungen nicht ignoriert werden dürfen: Hochmut kommt vor dem Fall. Der Krug geht so lange zum Wasser, bis er bricht. Viele, viele Worte anderer Art und Herkunft könnte und müßte ich zufügen, um mich voll verständlich zu machen. Aber ich will das lassen ... Ich bin weit entfernt von meiner Enge von vorgestern. Aber ich kenne unveräußerliche Begriffe und Maßstäbe, gegen die man nicht ohne schwerste Folgen und Auswirkungen verstoßen kann. Mögen dem Einzelnen auch noch so enge Grenzen gesetzt sein, und mag in vielem die Klugheit als die vorherrschende Tugend befolgt werden, niemals dürfte der einzelne seine Maßstäbe und Begriffe verlieren. Nie darf er sich seinem Gewissen und der ihm gesetzten obersten Ordnung gegenüber darauf herausreden vor sich selbst: Das geht mich nichts an, das kann ich nicht ändern. Sileat, sed cogitet: mea res agitur; *ich* stehe in dieser Verantwortung und in dieser Schuld, und zwar als ein Wissender mit entsprechendem Maß an Verantwortung.

Lieber Vater, es gibt Situationen, wo der Sohn verpflichtet ist, dem Vater, der selbst in ihn die Grundlagen legte und die Begriffe formte, einen Rat zu geben. Du wirst zu irgend einem Zeitpunkt für Deine Zeit, für das Geschehen in ihr, mit geradestehen müssen. Wir würden uns auch nicht mehr verstehen und uns nichts mehr Wesentliches zu sagen haben, wenn ich Dir nicht sagen könnte und dürfte: Unterschätze diese Verantwortung und diese Rechenschaftsverpflichtung nicht. Sie kann eher kommen, als man meint. Ich weiß von dieser Verpflichtung, zugegeben, ich werde davon zerfressen (consumor in ea). Aber das schadet nichts ...[1].«

Der Vater verstand den Brief seines Sohnes nicht. Aus seiner Antwort würde man nicht auf das Resümee geschlossen haben, das er nach dem Krieg in einem Brief an seine Schwiegertochter gab. Aber das genügte schließlich auch:

»Ich habe Kurt geantwortet«, schrieb der Vater Ludwig Gerstein. »Er ist aber über meine Antwort sehr enttäuscht gewesen und hat das Hans gegenüber ausgesprochen. Meine Antwort klang dahin aus: ›Du bist Soldat, Beamter und hast die Befehle Deiner Vorgesetzten auszuführen. Die Verantwortung trägt der Befehlende, nicht der Ausführende. Ungehorsam gibt es nicht, Du hast zu tun, was befohlen wird. So habe ich es als alter preußischer Beamter und als alter Offizier gelernt.‹ Kurt war – wie ich jetzt erkannt habe – mit Recht anderer Ansicht. So schreibt er in seinem zweiten Briefe Seite 3: ›Ich habe meine Hände zu nichts hergegeben, was mit diesem allen zu tun hat.‹ Zu meiner Rechtfertigung muß ich sagen, daß ich solche Scheußlichkeiten, wie sie später aufgedeckt worden sind, nicht für möglich gehalten habe. Ich habe damals noch an Hitler geglaubt, wenn ich auch vieles von dem, was er tat, nicht gebilligt, ja durchaus mißbilligt habe. Vom Konzentrationslager in Stuttgart, in dem Kurt ja eine Zeitlang gewesen ist, hat er mir erzählt. Was ich da von ihm gehört habe, war nicht schön, ja häßlich. Aber es reichte auch nicht im geringsten an das heran, was man später von anderen solchen Lagern hörte...

Ich bin fest überzeugt, daß Kurt auch nicht zu einer einzigen Scheußlichkeit die Hand geboten hat, daß er im Gegenteil alles getan hat, was in seinen Kräften stand, um den Opfern zu helfen und sie vor dem Schlimmsten zu bewahren. Diese Überzeugung habe ich aus Tatsachen geschöpft, die Kurt mir gelegentlich mitteilte bei aller Zurückhaltung, der er sich in Gesprächen mit mir befleißigte. Diese Zurückhaltung ging so weit, daß ich während meines mehrwöchigen Aufenthaltes in Berlin – es war wohl im Herbst 1942 – eigentlich niemals zu einer tieferen Unterhaltung mit ihm gekommen bin. Das habe ich ihm damals sehr verdacht, später aber Verständnis dafür bekommen.

Sehr traurig hat Kurt sich Hans gegenüber dahin ausgesprochen, daß ich ihn in seinem Briefe aus Helsinki ganz und gar nicht verstanden hätte. Das lag, wie gesagt, daran, daß ich der Ansicht war, Kurt habe unbesehen zu tun, was befohlen wurde. Jetzt weiß ich, wie der Brief gemeint war, und bin sehr traurig darüber, daß ich nicht in anderem Sinne darauf eingegangen bin. Traurig darüber auch, daß wir s. Zt. in Berlin niemals zu einer Aussprache gekommen sind, bei der er mir sein übervolles, bedrängtes Herz hätte ausschütten können ... [2].«

Im Lauf des Herbstes 1944 schrieb Kurt noch einmal – es war der letzte Brief an den Vater:

»... ich liege wieder einmal im SS-Lazarett Berlin ... Ich bin auch sonst z. Z. ziemlich jämmerlich daran. Aber das hat wenigstens das eine Gute, daß man zur Besinnung und zur Erledigung z. T. lang liegengebliebener Post kommt.

Wenn ich seit längerer Zeit nicht schrieb, so will das nicht sagen, daß ich nicht viel an Dich, an Euch, denke. Ab und zu kommt ja – als einziger Bote aus dem Westen – Hans. Und er wird Dir bestätigen, daß meine Gedanken ziemlich viel bei Euch sind. Jetzt, in diesen Wochen, natürlich noch mehr als je. Aber – und das ist es! – unsere Einstellung zu all dem Geschehen ist ja so grundanders, daß man da zunächst gar keine Brücken zwischen Feuer und Wasser schlagen kann. Mir ist es wohl zugefallen, all diese Dinge zwischen Weiß und Schwarz, zwischen Gut und Böse bis in die letzten Konsequenzen durchzudenken und – versteh dies bitte recht! – durchzu*leiden*.

Das meiste, was in diesem Zusammenhang zu sagen wäre,

müßte mündlich besprochen werden. Das wußte ich auch schon, als Du bei mir in Berlin warst. Aber ich habe mich gehütet und werde mich hüten, dies alles mit Dir zu besprechen. Unsere Ansichten sind – wir mögen sonst stehen, wie wir wollen – so meilenweit voneinander verschieden, daß wir uns damit im gegenwärtigen Lauf der Epoche niemals verstehen würden. Es ist auch nicht so, daß man darin zueinander finden könnte oder als ob Mißverständnisse in der Luft lägen: Nein, wir verstehen uns akustisch sehr gut, aber unsere Ansichten divergieren meilenweit. Da kann man und soll man auch nichts wegzaubern, sondern den Mut haben, abzuwarten, bis die Zeit und die Geschichte von sich aus ihre Antwort zu dem gegenwärtigen Geschehen gibt.

Lies doch bitte einmal in Schillers prosaischen Schriften die Abhandlung ›Die Gesetzgebung des Solon und des Lykurg‹. Vieles, was ich zu sagen hätte, ist dort gesagt.

Wenn Du Dich recht umguckst, wirst Du übrigens finden, daß dieser Riß durch viele ehedem enge Freundschaften und Familien hindurchgeht. Ich sehe darin auch keine allzu große Tragik. Aber fast überall ist es dann so, daß die Gesprächsmöglichkeit während dieses Schwebezustandes nicht gegeben, daß sie sozusagen suspendiert ist. Entgegen Deinem Brief halte ich es für ausgeschlossen, dies hinwegzudisputieren. In einem gehst Du übrigens von unrichtigen Voraussetzungen aus: Ich habe meine Hände zu nichts hergegeben, was mit diesem allen zu tun hat. Wenn ich und soweit ich derartige Befehle erhielt, habe ich sie nicht ausgeführt und die Ausführung abgedreht. Ich selbst gehe aus dem Ganzen mit reinen Händen und einem engelreinen Gewissen heraus. Das ist mir außerordentlich beruhigend. Und zwar: Nicht aus Klugheit! Was heißt hier Sterben? Sondern aus Prinzip und Haltung: ›Habe Du nichts zu schaffen ...‹ Es ist das Schicksal aller Hasardeure, daß sie um eines noch ungewissen Gewinnes willen das Vorhandene, die Substanz riskieren. Wenn Du den Halys überschreitest ...

Ich glaube, ich will jetzt besser schließen. Denn wir wollen ja dies Gespräch vertagen, bis wir es mit der unerläßlichen Ehrlichkeit führen können [3].«

Die letzten Monate in Berlin waren für Gerstein Monate des Entsetzens. In jedem Augenblick rechnete er damit, verhaftet zu werden. Pfarrer Mochalski, dem er vor mehr als einem Jahr seine Angst mitgeteilt hatte, besuchte ihn Ende Dezember 1944:

»Eine Haushälterin öffnete eine Klappe und erkundigte sich nach dem Begehren. Dann öffnete sie die Tür ... Gerstein lag auf dem Bett, apathisch und voller Angst. Er erklärte mir dann, daß er sich von der SS verfolgt fühle und immer mit dem Erscheinen von SS- oder SD-Leuten rechne ... [4].«

Im März 1945 begegnete Helmut Franz, der Freund und Gefährte aus der Jugendbewegung, Gerstein zum letztenmal:

»Ich stellte ihm die bange Frage, wie er es anstellen wolle, den anmarschierenden alliierten Truppen klarzumachen, daß er kein wirklicher SS-Offizier war, sondern nur ein vorgetäuschter, daß es also von ihm gerade ein Akt des Widerstands gegen das System war, diese Uniform anzuziehen. Er war da aber voller Hoffnung. Sein reines Gewissen und die vielen Kontakte mit Widerstandskämpfern, die er gepflegt hatte, ließen es ihm als ein leichtes erscheinen, die Integrität seiner Person nachzuweisen. Angesichts der Jahre tausendfältiger Risikos, die er hinter sich hatte, sah er dem Kommenden mit Zuversicht entgegen. Ja, er glaubte, daß gerade ihm als unmittelbarem Augenzeugen der schlimmsten Naziverbrechen eine wichtige Funktion der Aufklärung des deutschen Volkes zufallen würde, und sah einen wichtigen Lebensabschnitt voller positiver Aufgaben vor sich [5].«

In der zweiten Märzhälfte verließ Gerstein Berlin. Am 26. traf er in Tübingen bei seiner Frau und den drei Kindern ein.

»Er äußerte, daß er anscheinend drei Wochen zu früh gekommen sei. Er habe geglaubt, daß die Front schon näher gerückt sei. Nach Berlin könne er nicht mehr zurück, hierbleiben aber auch noch nicht. Nach einigen Tagen fuhr er mit unbekanntem Ziel fort. Als er am 19. April 1945 wiederkehren wollte, kam er mit dem Auto nur noch bis Metzingen, wo er bei einer bekannten Arztfamilie erfuhr, daß Tübingen bereits von den Alliierten besetzt war. Er wartete bei Familie Dr. Straub... Als sich schließlich das Gerücht verbreitete, es sei von Urach her SS im Anmarsch, sagte er zu Frau Straub, daß das das Schlimmste sei, was ihm passieren könne, es gäbe für ihn jetzt nur noch einen Weg, den Alliierten entgegen! Mit einem Fahrrad fuhr er in Richtung Reutlingen... In Reutlingen stellte er sich am 22. April 1945 dem französischen Kommandanten und wurde... nach Rottweil am Neckar gebracht [6].«

Ehe er von Tübingen aufbrach, erklärte er seiner Frau:

»Man wird von mir hören, verlaß dich drauf! Du wirst dich wundern, *was* ich alles getan habe!... In drei bis vier Wochen bin ich wieder da [7].«

In den nach Gersteins Tod wieder aufgefundenen Papieren kann man einige Zeilen lesen, die er in Französisch auf den Entwurf seines Berichts gekritzelt hatte. Das Ganze trägt das Datum 26. April 1945:

»Der Herr Militärkommandant von Reutlingen, der

meine Papiere und Darstellungen geprüft und bestätigt hat, hat mich nach Rottweil geschickt, damit dort meine Verwendung im Sicherheitsdienst der französischen Armee, vor allem im Einsatz gegen den Werwolf, besprochen wird. Er hat mir dazu einen Ausweis mit folgendem Text gegeben: ›Der Inhaber dieses ist kein wirklicher SS-Mann und darf nicht als solcher behandelt werden, sondern mit allem Entgegenkommen.‹« [8]

In Rottweil wurde Gerstein im Hotel »Zum Mohren« untergebracht, sozusagen als »Gefangener auf Ehrenwort«. Er mußte sich lediglich einmal am Tag bei der französischen Gendarmerie melden. Am 26. April verfaßte er den französischen Text seines Berichts und zeichnete ihn handschriftlich auf. Während dieser Tage befreundete er sich mit dem Ortspfarrer Hecklinger; und auf dessen Schreibmaschine kopierte er zunächst seinen französischen Bericht, danach die deutschen Berichte mit den Daten 4. und 6. Mai 1945.

Am 5. Mai begegnete Gerstein zufällig zwei Offizieren, dem Amerikaner Haught und dem Engländer Evans, denen er das maschinengeschriebene Exemplar seines Berichts in französischer Sprache, eine kurze handgeschriebene Erklärung in Englisch, einen Anhang, der die Liste einiger Gegner des Nationalsozialismus enthielt, die er bei sich in Berlin empfangen hatte, sowie Rechnungen für die Lieferung von Zyklon B an die Konzentrationslager und einen Brief übergab, den die Degesch ihm geschickt hatte. Am selben Tag verfaßten die beiden Offiziere folgenden Bericht:

»Die unterzeichneten Untersuchungsbeamten machten durch Zufall Dr. Gersteins Bekanntschaft in einem beschlagnahmten Hotel in Rottweil. Er gab an, daß wir die ersten Briten oder Amerikaner seien, deren Bekanntschaft er mache und daß er uns von seinen Erfahrungen in deutschen

Konzentrationslagern erzählen wolle. Er teilte uns mit, daß er ein persönlicher Freund Pastor Niemöllers sei und daß er, als Geheimagent für ihn arbeitend, einen höheren Posten in der Partei erhalten hatte. In dieser Eigenschaft wohnte er Besprechungen bei, in denen das Schicksal der Konzentrationslagerinsassen besprochen wurde. Auf die Frage, ob ihm bekannt sei, daß Gaskammern zur Tötung der Insassen benutzt worden seien, antwortete er, daß er als Ingenieur oft bez. der Gebrauchsweise dieser Zellen zu Rate gezogen wurde. Er erklärte, daß die beiden Gase, die benutzt wurden, Blausäure und Auspuffgase von Dieselmotoren waren. Er konnte keine Zahlen für die Stärke der benutzten Konzentrierungen angeben und gab zu verstehen, daß diesem Punkt keine besondere Aufmerksamkeit geschenkt wurde. Er erklärte jedoch, daß im Falle von Blausäure der Tod fast sofort, aber bei Auspuffgasen erst nach ungefähr 15 bis 20 Minuten eintrat.

Dr. Gerstein entkam den Nazis erst vor ungefähr 3 Wochen; er ist offenbar noch immer unter dem Eindruck seiner Erfahrungen, und es fiel ihm schwer, davon zu sprechen. Es lag ihm jedoch sehr viel daran, daß die Schuldigen wegen ihrer Verbrechen zur Rechenschaft gezogen würden, und er sagte, daß er vollkommen bereit sei, als Zeuge vor irgendeinem Gericht aufzutreten. Er hoffe, daß diese Aussage so bald wie möglich an die zuständige Stelle in London weitergeleitet werden würde. Er übergab den Untersuchungsbeamten ein Schreiben in englischer Sprache, eine 7 Seiten lange, maschinengeschriebene Aussage in französischer Sprache und einige Rechnungen der Firma Degesch betr. Lieferung von ›Zyklon B‹ (Blausäure) an Konzentrationslager. Zum Beweis seiner vergangenen Tätigkeit zeigte er ebenfalls eine religiöse Broschüre vor, die er 1938 verfaßt hatte...

Es ist zu erwägen, ob Gerstein vor den örtlichen Nazis geschützt werden soll ... [9].«

Nach einer späteren Stellungnahme hierzu gab Haught eine interessante Einzelheit an:

»Er, Gerstein, hatte eine siebenseitige, maschinengeschriebene Erklärung in Französisch vorbereitet und übergab sie uns; *er hatte versucht, sie französischen Offizieren zu geben, doch diese schienen nicht interessiert zu sein* ... [10].«

Diese wenigen Worte könnten vielleicht zur Verständlichkeit dessen beitragen, was hier folgen wird.

Dem Bericht, den Gerstein Haught und Evans übergab, fügte er eine Notiz in sehr schlechtem Englisch zu, die ebenfalls das Datum 26. April 1945 trug. Der wesentliche Teil lautete:

»Mein Bericht ist von Interesse für den Geheimdienst. Die Dinge, die ich gesehen habe, haben nur 4 oder 5 andere gesehen, und die waren Nazis. Von den Männern, die für Belsen, Buchenwald, Maidanek, Oswiecim, Mauthausen, Dachau usw. verantwortlich waren, gehörten viele meiner Dienststelle an, und ich sah sie täglich in meiner doppelten Stellung im:

1 SS-Führungshauptamt, D, Hygiene, und

2 beim Reichsarzt SS und Polizei, Berlin.

Ich bin in der Lage, die Namen und Verbrechen der tatsächlich Verantwortlichen anzugeben, und bin bereit, das Anklagematerial einem internationalen Gerichtshof zu übergeben. Ich selbst bin ein intimer Freund Pastor Niemöllers und seiner Familie (zur Zeit in Leoni/Starnbergersee Bayern). Ich stand, nach zweimaliger Gefangenschaft im KZ, im Dienst der Bekenntniskirche, war SS-Obersturmführer und Abteilungsleiter im SS-Führungshauptamt und Reichsarzt SS und Polizei, und befand mich auf einem gefährlichen Posten.

Die Dinge, die ich gesehen habe, hat niemand gesehen. Im August 1942 habe ich Bericht an die schwedische Gesandtschaft in Berlin erstattet. Ich bin bereit und in der Lage, meine Beobachtungen Ihrem Geheimdienst mitzuteilen ...«

Am Fuß dieser Notiz vermerkte er:

»Ich bitte, meinen Bericht nicht zu veröffentlichen, bevor genau feststeht, ob Niemöller befreit oder tot ist [11].«

In den gleichen Tagen verfaßte Gerstein ein Gesuch, das man erst spät wiederfand:

»... Ich habe die Gewißheit, einen erheblichen Beitrag zur moralischen Unterminierung des Nazisystems geleistet zu haben.

Nach zwölf Jahren unermüdlichem Kampf, insbesondere nach den letzten vier Jahren meiner äußerst gefährlichen und anstrengenden Tätigkeit und den vielen erlebten Scheußlichkeiten habe ich den Wunsch, mich bei meiner Familie in Tübingen zu erholen. Hier in Rottweil fehlen mir zudem die primitivsten Lebensbedürfnisse, Wäsche, Seife usw.

Ich habe ferner den begreiflichen Wunsch, meinen Verdiensten im Kampf gegen den Nazismus entsprechend, entweder wieder in die mir mit gehörige Fabrik zurückzukehren oder in den öffentlichen Dienst im Kohlenbergbau, aus dem ich wegen meiner nazifeindlichen Tätigkeit 1936 entfernt wurde.

Aus diesen Gründen bitte ich um Ausfertigung eines Passierscheines von Rottweil nach Tübingen, wo ich mich dem Herrn Militärgouverneur zur Verfügung zu stellen gedenke [12].«

Diese Zeilen zeigen einen Gerstein, der die Zweifel und die Furcht anscheinend überwunden hatte und der mit unbedingter Zuversicht in die Zukunft schaute.

Am 26. Mai 1945 erklärte Gerstein dem Pfarrer Hecklinger, daß er verlegt werden solle, wahrscheinlich nach Konstanz. Um zehn Uhr morgens dieses Tages schrieb er den letzten Brief an seine Frau:

»Liebe Friedel! Nach 5 Wochen Aufenthalt in Rottweil zur Verfügung des Militärgouverneurs werde ich heute mit dem Wagen an eine übergeordnete Stelle in der Gegend von Konstanz – wo, weiß ich nicht! – weitergegeben. Ich hatte hier ein Hotelzimmer als Aufenthalt zugewiesen bekommen, nachdem ich eine Woche und einen Nachmittag im Käfig gehalten worden war und hiergegen Einspruch erhoben hatte. Ich ließ Dir auf der Kommode im Flur Gartenstr. 24 meine Papiere zurück, da Du sie sicher brauchst. Ich gebe Dir den einen Rat: Wehr Dich! Laß Dir nichts gefallen. Es ist selbstverständlich, daß jemand wie ich – wie wir – anders behandelt werden muß wie andere Leute. Meine Tätigkeit im SS-FHA usw. war von vornherein eine reine Agententätigkeit für die Bekenntniskirche. Ich habe Dir nur das wenigste sagen können, weil man Dich im Ernstfall erpreßt und ausgequetscht hätte. Mich würde der SD in kochendes Wasser geworfen haben, wenn er gewußt hätte, daß ich in meiner Not alles den Schweden und der Schweiz verraten habe.

Wenn Du irgendwelche Schwierigkeiten hast, geh mit dem Bericht, den ich anlege, zum Militärgouverneur. Verwahr die Haftbefehle, Parteiausschluß-Urkunden usw. gut. Auch das leg vor, gib's aber nicht aus der Hand. Vielleicht kann auch Fräulein Dr. v. Huene, Zeppelinstraße, Dir manches helfen. Auch zum Bürgermeister rate ich Dir zu gehen.

Wann ich zurückkomme, weiß ich noch nicht. Ich genieße alle Freiheiten bisher und hoffe auch bei der nächsten Instanz. Auch mit der Verpflegung und Unterbringung – im Mohren in Rottweil, Familie Müller – hatte ich Glück. Aber ich kann, da man sich für meinen Fall sehr stark interessiert und da ich als einer der Hauptzeugen gegen die Kriegsverbrecher vor dem internationalen Gerichtshof aufzutreten habe, noch nichts Näheres sagen.

Dir, Deinem Vater und den Kindern herzliche Grüße und Wünsche [13].«

Das war die letzte Nachricht, die seine Familie von ihm erhielt.

Am 26. Mai 1945 wurde Gerstein von zwei Offizieren des französischen Abwehrdienstes – von denen einer ein Major Jimmey gewesen sein soll – nach Konstanz gebracht.

»Er war sicher in Konstanz gewesen oder gehalten worden«, schrieb später ein Zeuge, Heinrich Buhr, »und zwar in der Verfügung eines französischen Nachrichtenoffiziers, eines Capitaine mit Vornamen Paul, der sehr gut deutsch sprach, so daß man vermuten darf, daß er vielleicht deutscher Jude war. Dieser Offizier war sehr human gegen seine Gefangenen ... [14].«

Ende Mai oder Anfang Juni 1945 hörte ein deutscher Kriegsgefangener, Hans Künstle, im Radio Lyon einen Bericht über die Ausrottungen durch Gas in den deutschen Lagern; die Quelle dieser Berichte wurde genannt: Kurt Gerstein [15].

Anfang Juni wurde Gerstein nach Paris gebracht. Vierzehn Tage lang wurde er in einem Gebäude auf der Rue de Villejuste festgehalten, das anscheinend der französischen Abwehr gehörte. Man weiß nicht genau, über welche Themen er vernommen wurde. Wenn man der Erklärung des Amerikaners Haught glauben darf, scheint es, als ob die Franzosen nicht viel Interesse an Gersteins Erlebnissen in den polnischen Lagern gezeigt hätten. Nach dem Einkerkerungsbefehl, der später folgte, war es Gersteins Tätigkeit in Frankreich, die die Aufmerksamkeit der Vernehmungsbeamten auf ihn lenkte. Doch weiter weiß man über diesen Punkt nichts.

Am 5. Juni 1945 erstattete der Chef der Dienststelle für die Fahndung nach Kriegsverbrechern, G. Mantout, einen ersten Bericht an Professor Gros an der französischen Botschaft in London:

»Ich habe die Ehre, Ihnen in der Anlage die Kopie der Vernehmung des Täters Gerstein aus Tübingen durch meine Dienststelle zu überreichen.

Dieses Dokument wird, wie ich meine, nicht verfehlen, Ihr Interesse zu erregen. Ich überlasse Ihnen in allen Fällen die Entscheidung darüber, ob es der War Crimes Commission vorgelegt werden soll ...[16].«

Der Text des Vernehmungsprotokolls ist bis heute nicht wieder aufgefunden worden.

Dagegen besitzen wir die Protokolle der beiden Vernehmungen, denen Gerstein am 26. Juni und am 10. Juli 1945 unterzogen wurde: Sie beziehen sich auf seine Laufbahn im SS-FHA und auf seine Reise nach Polen. Sie sind in früheren Kapiteln hier zitiert worden.

Nach den Archiven der französischen Militärgerichtsbehörde wurde Gerstein am 5. Juli 1945 im Militärgefängnis Cherche-Midi eingekerkert. Am 10. Juli wird gegen ihn die Untersuchung eröffnet »wegen Mordes und Beihilfe zum Mord«; die Archive der französischen Militärgerichtsbehörden geben dazu den Vermerk »aufgrund seiner Tätigkeit in Frankreich; er hat als SS-Oberscharführer im Führungshauptamt in enger Verbindung mit zahlreichen Mitgliedern des SD gedient[17].«

Über die Zustände, die um diese Zeit in der »deutschen« Abteilung des Gefängnisses Cherche-Midi herrschten, besitzen wir zahlreiche Zeugnisse. Allerdings hatte Gerstein eine Zelle für sich allein, aber es ist unwahrscheinlich, daß man ihn viel anders als die andern deutschen Häftlinge behandelt hat, da ihn die französischen Behörden nun als Kriegsverbrecher betrachteten. Diese Zustände beschreibt ein deutscher Gefangener, Fritz Trautwein, folgendermaßen:

»Die Zelle enthielt kein Fenster, sondern nur einen Luftschacht, durch den bei klarem Wetter etwas Licht hereindrang. Es war ein finsteres Loch ohne Beleuchtung und ohne Heizung. Dazu wimmelte es in der Zelle von Wanzen und Läusen, die allen Vertilgungsversuchen Trotz boten. Die Verpflegung war, von seltenen Ausnahmen abgesehen, völlig unzureichend, so daß wir immer mehr abmagerten. Dazu bekam ich bis zu den Knien dick geschwollene Beine, so daß ich in keinen Schuh mehr hineinkam.

Wir Deutschen wurden in dem genannten Gefängnis von den anderen Gefangenen streng getrennt gehalten. Wir hießen die ›Isoles‹ und wurden, wenigstens in der Anfangszeit, vom Aufsichtspersonal und auch von den französischen Mitgefangenen nur als die ›Chiens (Hunde)‹ oder die ›Mauvais (die Schlechten)‹ bezeichnet. Allenthalben wurde uns in den ersten Monaten Haß und Verachtung entgegengebracht. Gleich in den ersten Tagen wurden uns die Haare geschoren; auch erhielten wir Gefängniskleidung... Die sanitären Einrichtungen in diesem alten Gefängnisbau spotteten jeder Beschreibung. Für vier Mann in dieser Zelle stand uns für unsere Bedürfnisse ein alter Kohleneimer zur Verfügung, den täglich zweimal einer von uns im Hof entleeren mußte. Außerdem hatten wir in unserer Zelle eine Waschschüssel (aus Blech), in der wir auch unser tägliches Essen empfingen, sowie eine Wasserkanne, in der wir täglich zweimal im Hof Wasser fassen konnten. An Eßgeräten stand uns ein mehr oder weniger verrosteter Blechteller, eine ebensolche Blechtasse und ein Blechlöffel zur Verfügung. Ein Messer oder messerähnliches Werkzeug in der Zelle zu haben, war streng verboten. Beleuchtung gab es, wie schon erwähnt, ebensowenig wie Heizung...

Die schon erwähnte Wanzen- und Läuseplage machte einem die Haft zur besonderen Qual. Trotzdem wiederholt Desinfektionen vorgenommen wurden, ließ diese Plage nicht nach. In der warmen Jahreszeit ließen sich die Wanzen nachts zu Dutzenden auf uns herunterfallen, und die Wände waren voll von Spuren vernichteter Wanzen. Demgegenüber erschienen uns die Mäuse, die uns auch zahlreich besuchten, fast als angenehme Zellengenossen ... [18].«

Der frühere Gefangene Anton Maier bestätigte die Erklärung Trautweins:

»Die Zellen waren feucht und dunkel. Wir lagen auf Strohsäcken; diese waren hart wie ein Brett. Im Winter war es in diesen Zellen so kalt, daß wir uns möglichst warm anzogen, bevor wir uns hinlegten. In der Zelle befand sich ein Fenster, das vergittert war. In der ersten Zeit war das Fenster durch ein Blech verschlossen, so daß die Zelle dunkel war. Später kam ich in eine andere Zelle, die nicht verdunkelt war... Bezüglich der Ernährung in dem Gefängnis muß ich sagen, daß diese sehr schlecht war.

Als ich in das Gefängnis Cherche-Midi kam, befanden sich dort schon einige Gefangene (Österreicher), die schon lange dort waren. Nach deren Erzählungen waren die Verhältnisse in diesem Gefängnis immer gleich ... [19].«

Am 25. Juli wurde Gerstein tot in seiner Zelle aufgefunden. Unter seinen Papieren entdeckte man einen angefangenen Brief, der an seinen holländischen Freund Ubbink gerichtet und vermutlich vor der Verlegung nach Frankreich geschrieben worden war:

»Lieber Freund Ubbink! Du bist einer der ersten, die

einen Gruß haben sollen: Dir darf ich von Herzen zur Befreiung Deines Landes von unserem Verbrecher-Otterngezücht Glück wünschen. So dunkel auch unser Los jetzt sein mag: Diese entsetzlichen Leute durften nicht siegen. Frage Deine Leute, ob sie wenigstens jetzt glauben, was in Belzec usw. vorgegangen ist!! Ich bin Gott dankbar, daß ich alles in meinen Kräften Stehende getan habe, um diese Eiterbeule am Körper der Menschheit aufzustechen.

Tu mir einen Gefallen: Bring das Wichtigste, was Du zu meiner Person weißt, zu Papier, laß dasselbe von einer autoritären Stelle (z. B. W. B. oder einem Pfarrer) beglaubigen und schick es mir in 2 Stücken zu, sobald wieder Postverbindung mit Deutschland ist. Man kann nicht wissen, wofür so etwas noch mal gut sein kann ... Nicht, daß man mir nicht glaubte – aber meine Lage war eben doch ein Fall für sich ... Dir und all den Deinen wünsche ich ein Aufatmen nach all den schweren Zeiten ...[20].«

Schlußbemerkungen

Die Umstände beim Tode Kurt Gersteins sind nicht völlig klar. Immerhin wäre sein Selbstmord verständlich. Wir haben hier die psychische Entwicklung dieses Mannes verfolgen können, der von Schuldgefühlen gepackt wurde, von Krankheit und inneren, infolge seiner im Jahr 1942 übernommenen Rolle ständig zunehmenden Konflikten erschöpft war. Schon vor dem Krieg, bei seiner zweiten Inhaftierung, war ihm der Gedanke des Selbstmordes gekommen; während der letzten Lebensjahre hatte ihn diese Möglichkeit häufig in Versuchung geführt. Er drängte sie aus religiösen Gründen zurück, doch auch deshalb, um Zeugnis ablegen zu können. Doch als der Augenblick des Zeugnisses kam, wurde Gerstein nach einigen Wochen halber Freiheit als Kriegsverbrecher eingesperrt. All seine Hoffnungen waren zunichte geworden, all seine Bemühungen umsonst gewesen. Sein Handeln in der jüngsten Vergangenheit hatte alle Bedeutung verloren. Vergeblich hatte er den Makel des Eintritts in die SS und die Gefahr, mit den wahren Verbrechern verwechselt zu werden, auf sich genommen. Nun schien der Selbstmord der einzige Ausweg zu sein.

Fünf Jahre nach seinem Tod reihte die Spruchkammer Tübingen Gerstein als Verstorbenen noch in die Gruppe der Belasteten ein. Der Schlußabsatz der Begründung lautete:

»... Die Bekanntgabe dieser Vernichtungsmaßnahmen an prominente Persönlichkeiten der evangelischen Kirche und an Angehörige der holländischen Widerstandsbewegung mit der Bitte, die Weltöffentlichkeit davon zu unterrichten, sowie die Unbrauchbarmachung von zwei Blausäurelieferungen waren Widerstandshandlungen, die den Betroffenen bei Entdeckung seiner Handlungsweise in höchste Gefahr gebracht hätten. Dieses Verhalten... kann jedoch angesichts des entsetzlichen Ausmaßes der vergangenen Verbrechen nicht zu einem völligen Ausschluß seiner Mitverantwortlichkeit führen, sondern nur zu einer milderen Beurteilung beitragen. Man hätte von dem Betroffenen erwarten können, daß er sich nach seinen Erlebnissen im Lager Belzec mit allen Kräften dagegen sträubte, sich zum Handlanger für einen organisierten Massenmord machen zu lassen. Die Kammer ist der Auffassung, daß der Betroffene nicht alles getan hat, was ihm möglich gewesen wäre, und daß er noch andere Mittel und Wege hätte finden können, sich persönlich aus der Aktion herauszuhalten. So ist nicht verständlich und nicht entschuldbar, daß er als überzeugter Christ... sich... als Auftraggeber gegenüber der Lieferfirma Degesch verwenden ließ. Daß er als Einzelner gar nicht in der Lage war, die Vernichtungsmaßnahmen zu verhindern oder durch die Unbrauchbarmachung geringerer Mengen der gelieferten Blausäure auch nur einem Teil das Leben zu retten, mußte ihm nach dem, was er bisher erlebt hatte, völlig klar geworden sein.

Die Kammer hat den Betroffenen unter Zubilligung der festgestellten mildernden Umstände... daher nicht in die Gruppe der Hauptschuldigen, sondern in die niedrigere Gruppe der Belasteten eingestuft...[1].«

Als der damalige Ministerpräsident von Baden-Württemberg, Kurt Kiesinger, am 20. Januar 1965 Gerstein rehabilitierte, stützte er seine Entscheidung darauf, »daß Gerstein nach Kräften aktiven Widerstand gegen die nationalsozialistische Gewaltherrschaft geleistet und dadurch

Nachteile erlitten hat«[2]. Vom juristischen Standpunkt aus ist die Entscheidung Kiesingers befriedigend, sie nimmt aber nicht Bezug auf das Argument, das die Spruchkammer Tübingen angeführt hatte, um Gerstein als Belasteten einzustufen. Und doch ist es gerade dieses Argument, das uns zum Kern des Problems führt, das sein Fall aufwirft:

Die Tübinger Spruchkammer hatte nicht bestritten, daß Gerstein Widerstand geleistet hatte; sie hatte ihn wegen der *Unwirksamkeit seiner Bemühungen* verurteilt: »... es mußte ihm klar geworden sein«, heißt es dort wörtlich, »daß er als Einzelner gar nicht in der Lage war, die Vernichtungsmaßnahmen zu verhindern oder auch nur einem Teil das Leben zu retten...« Man klagt Gerstein also an, weil er versucht hat, im begrenzten Maß seiner Kräfte Widerstand geleistet zu haben. Man klagt ihn an, weil er es nicht wie die große Mehrzahl der »guten« Deutschen gemacht hat – ruhig zu warten, bis alle Juden tot waren. Man stellt die »Unschuld« derjenigen, die dem Verbrechen passiv zugesehen haben, der »Schuld« dessen gegenüber, der, um Widerstand leisten zu können, bis zu einem gewissen Grad mit dem Verbrechen paktieren mußte. Dieses Paradox ist jeder Opposition inhärent, die sich von innen gegen ein System wie den Nazismus richtet:

Um den verbrecherischen Befehlen des nationalsozialistischen Regimes Widerstand zu leisten, mußte man »von innen her« handeln und manchmal diese Befehle ausführen. Wenn sich unter diesen Bedingungen die saubere Unterscheidung zwischen dem Guten und dem Bösen teilweise verwischt, wenn der Widerstandleistende in gewissen Augenblicken dem Henker sehr nahe scheint, so ist das die unausweichliche Folge der Lage des Menschen in einem totalitären System. Aber ist der passive Zuschauer bei dem Verbrechen etwa unschuldig?

Wenn der Widerstand in einem totalitären System auch von Natur aus zwiespältig ist, so bleibt doch ein Kriterium für seine Definition entscheidend: das der Gefahr, die man auf sich nimmt. Zahlreiche Deutsche nahmen für sich in Anspruch, sie hätten von innen her gegen das System Widerstand geleistet, um ihre Teilnahme an nazistischen Unternehmungen zu erklären. Doch wie viele waren es, die ihren Widerstandswillen dadurch bewiesen, daß sie Taten vollbrachten, die sie, falls sie entdeckt worden wären, das Leben gekostet hätten? Einer von diesen war Kurt Gerstein.

Was aber Gersteins tragischem Schicksal den einzigartigen Charakter und die ungewöhnliche Bedeutung verleiht, ist die völlige Passivität der »andern«. Wenn es in Deutschland Tausende oder auch nur Hunderte von »Gersteins« gegeben hätte, von denen die einen versuchten, Giftgaslieferungen heimlich auf die Seite zu schaffen, die andern, Akten verlorengehen zu lassen oder den Bau der Gaskammern oder Verbrennungsöfen zu verzögern, wieder andere, die Juden in den besetzten Ländern zu warnen und vor allem unermüdlich die Deutschen und die ganze Welt zu unterrichten, dann wären zweifellos Zehntausende von Juden gerade durch diese »offiziellen« Komplicen des Regimes gerettet worden. Dann wären alle diese »Gersteins« Helden gewesen und als solche anerkannt worden ...

Das wahre Drama Gersteins war die Einsamkeit seines Handelns. Das Schweigen und die völlige Passivität der Deutschen, das Ausbleiben jeder Reaktion bei den Alliierten und den Neutralen, ja des gesamten christlichen Abendlandes gegenüber der Vernichtung der Juden verleihen der Rolle Gersteins erst die wahre Bedeutung: Sein Rufen blieb ohne Widerhall, seine Hingabe war einsam, sein Opfer erschien deshalb »unnütz« und wurde zur »Schuld«.

Anmerkungen

EINLEITUNG

1 Erklärung von Dr. Trouillet aus dem Jahr 1965. Archiv des Kurt-Gerstein-Hauses, Berchum (in der Folge: KGH).
2 Obduktionsbefund von Dr. Piedelièvre, 1. August 1945, KGH.
3 Hinweis, der im Januar 1967 gegeben wurde.
4 Brief von Pfarrer Fr. Brochhoff, 30. Juni 1958, KGH.
5 Diesen Bericht zitiert Léon Poliakov in »Le dossier Gerstein«, *Le Monde Juif*, Januar–März 1964.
6 Schriftliche Zeugenaussagen vor der Spruchkammer Tübingen, 1950.
7 ebenso.

DIE LAST EINER TRADITION

1 Ludwig Gerstein, *Ahnen-Tafel der Familien Schmemann und Gerstein*, Selbstverlag 1934.
2 Brief von Ludwig Gerstein an Elfriede Gerstein, 24. November 1946, in dem der Vater seine Antwort an den Sohn zitiert, KGH.
3 Brief von Kurt Gerstein an seinen Vater, 5. März 1944, KGH.
4 Brief von Elfriede Gerstein, 16. Januar 1967.
5 Ebendort.
6 Ebendort.
7 Karl Gerstein, »Mein Bruder Kurt Gerstein«, im Oktober 1964 in Bonn gehaltene Ansprache, KGH.
8 Aussage von Oskar Hammelsbeck, 1965; zitiert bei Heiner Lichtenstein, »Der Außenseiter«, WDR, 25. Juli 1965.
9 Kurt Gerstein, *Um Ehre und Reinheit*, Selbstverlag, 2. Aufl. 1937, S. 83.
10 Ebendort, S. 21.
11 Brief von Gerhard Schinke, 10. September 1965, KGH.
12 Brief von Elfriede Gerstein, 16. Januar 1967.
13 Brief von Gerhard Schinke, 10. September 1965, KGH.
14 Brief von Ludwig Gerstein, 1. Februar 1949, KGH.
15 Kurt Gerstein, *Um Ehre und Reinheit*, S. 15 f.
16 Helmut Franz, *Kurt Gerstein, Außenseiter des Widerstandes der Kirche gegen Hitler*, Zürich 1964, S. 39 und 40.

17 Kurt Gerstein, »Um einen neuen Wehrwillen« in *Schwertkreuz*, Januar 1933.
18 Siehe unten S. 37 f.
19 *Ahnen-Tafel*, a. a. O., S. 123.
20 Ebendort, S. 186.
21 Zeugnis von R. Coste, 8. September 1951, Centre de Documentation Juive Contemporaine, Paris.
22 Kurt Gerstein, *Um Ehre und Reinheit*, S. 14.
23 Ebendort, S. 13.
24 Ebendort, S. 14.
25 Ebendort, S. 14.
26 Ebendort, S. 16.
27 Ebendort, S. 16.
28 Vgl. hierzu die Bemerkungen von Helmut Franz im Jahr 1934, zit. bei Helmut Franz, *Kurt Gerstein*, S. 102 f.
29 Max Geiger, *Der deutsche Kirchenkampf 1933–1945*, Zürich 1965, S. 13.
30 Ebendort.
31 George L. Mosse, »Die deutsche Rechte«, in: Werner E. Mosse, *Entscheidungsjahr 1932*, Tübingen, 2. erw. Aufl. 1966, S. 216.
32 Max Geiger, *Der deutsche Kirchenkampf*, S. 16.
33 George L. Mosse, »Die deutsche Rechte«, in: *Entscheidungsjahr 1932*.
34 Hans-Joachim Kraus, ebendort, S. 254.
35 Sammlung Frankenhuis, New York; hier rückübersetzt.
36 Georges Casalis, *Karl Barth*, Genf 1960; deutsche Ausgabe, Darmstadt 1960, S. 27. Das Zitat stammt aus dem ersten Aufruf des »Dreimännerkollegiums«.
37 George L. Mosse, »Die deutsche Rechte«, in: *Entscheidungsjahr 1932*.
38 Günther van Norden, *Kirche in der Krise, 1933*, Düsseldorf 1963, S. 43.
39 Helmut Franz, *Kurt Gerstein*, S. 14.
40 Manfred Priepke, *Die evangelische Jugend im Dritten Reich 1933 bis 1936*, Hannover 1960, S. 47.
41 Ebendort.
42 Ebendort, S. 38 f.
43 Kurt Rehling, »Ein Außenseiter des Widerstandes; Kurt Gerstein – sein Leben und sein Wirken in der Sicht eines Freundes«, *Unsere Kirche*, 1964.

EIN CHRIST ZU BEGINN DES NAZIREGIMES

1 Bericht Gerstein. (Soweit der vom Verfasser benutzte französische Text nicht völlig mit dem deutschen übereinstimmte, wurde der französische übersetzt. A. d. Ü.)

2 Helmut Franz, *Kurt Gerstein*, S. 46.
3 Ebendort, S. 47 f.
4 Georges Casalis, a. a. O., S. 28.
5 Birger Forell, »National-Socialism and the protestant Churches«, *The Third Reich*, Paris 1956, S. 818.
6 Georges Casalis, a. a. O., S. 29.
7 In den Einzelheiten über die Entwicklung der protestantischen Jugendverbände in dieser Periode stützen wir uns auf die bereits zitierte Arbeit von Manfred Priepke, *Evangelische Jugend im Dritten Reich 1933–1936*.
8 Manfred Priepke, a. a. O., S. 193.
9 Ebendort.
10 Rede Kurt Gersteins vor Mitgliedern des BK Hagen, Februar 1934, KGH.
11 Undatierter Brief von Kurt Gerstein, vermutlich Anfang August 1934, KGH.
12 Brief von Kurt Gerstein, 7. August 1934 (irrtümlich 7. Juli datiert), KGH.
13 Helmut Franz, *Kurt Gerstein*, S. 49.
14 Brief von August Hoppe an Kurt Thomas, 10. Juni 1934, KGH.
15 Kurt Rehling, a. a. O.
16 Dietrich Bonhoeffer, *Gesammelte Schriften*, Bd. 2, München 1958, S. 46.
17 Ebendort.
18 Otto L. Elias, »Der evangelische Kirchenkampf und die Judenfrage« in *Informationsblatt für die Gemeinden der niederdeutschen lutherischen Landeskirchen*, Hamburg 1961, S. 216.
19 Zit. bei Kurt Meier, »Kristallnacht und Kirche – Die Haltung der evangelischen Kirche zur Judenpolitik des Faschismus«, *Wissenschaftliche Zeitschrift der Karl-Marx-Universität*, Gesellschafts- und sprachwissenschaftliche Reihe, Leipzig 1964, S. 97.
20 Ebendort, S. 98.
21 Max Geiger, a. a. O., S. 48.
22 Brief von Ludwig R. Dewitz, 12. November 1955, KGH.
23 Brief von Kurt Gerstein an die Geheime Staatspolizei Dortmund, 9. Juni 1935, KGH.
24 Helmut Franz, a. a. O., S. 16 f.

DIE VERWIRRUNG

1 Brief der Gestapo Saarbrücken, 8. Oktober 1936, Document Center, Berlin (hier zitiert nach Beschluß des Gaugerichts Westfalen-Süd der Nationalsozialistischen Deutschen Arbeiterpartei, Bochum, vom 8. 1. 1937).
2 Gerstein-Bericht (überwiegend französische Fassung).

3 Brief von Elfriede Bensch an Martin Niemöller, 25. September 1936, KGH.
4 Brief von Martin Niemöller an O. Wehr, 2. Oktober 1936, KGH.
5 Aufgenommen in die Begründung des Obersten Parteigerichts der NSDAP vom 22. Juni 1939, KGH.
6 Einspruch Gersteins beim Gaugericht. 28. November 1936, Document Center, Berlin.
7 Protokoll der Hauptverhandlung des Gaugerichts in Bochum, 5. Januar 1937, Document Center, Berlin.
8 Beschwerde von Kurt Gerstein beim Obersten Parteigericht, 25. Januar 1937, Document Center, Berlin.
9 Brief von Dr. Johann Daniel Gerstein an Elfriede Gerstein, 4. August 1964, KGH.
10 Brief von Kurt Gerstein, 22. Januar 1937, KGH.
11 Schutzhaftbefehl des Geheimen Staatspolizeiamts Berlin.
12 Meldung des Oberstaatsanwalts bei dem Landgericht Stuttgart an den Oberreichsanwalt beim Volksgerichtshof, 2. September 1938, Document Center, Berlin.
13 Brief von Kurt Gerstein, 25. Juli 1938, KGH.
14 Brief von Kurt Gerstein, 29. Juli 1938, KGH.
15 Brief von Ludwig Gerstein an einen Amtsrichter beim Obersten Parteigericht, München, mit der Bitte um eine Rücksprache wegen seines Sohnes Kurt, 9. September 1938, Document Center, Berlin.
16 Brief von Ernst Zerrer an Kurt Gerstein, 8. Dezember 1946, KGH. Nach Kurt Rehling soll Ernst Zerrer mit viel Interesse die Broschüre *Um Ehre und Reinheit* von Gerstein gelesen und sie sogar seinem Sohn empfohlen haben. Aussage von Kurt Rehling, 1. Februar 1949, KGH.
17 Helmut Franz, a. a. O., S. 59.
18 Brief von Ludwig Gerstein, 9. September 1938, Document Center, Berlin.
19 Schriftliche Zeugenaussage von Otto Völckers, 16. Februar 1949, KGH.
20 Brief von Kurt Gerstein an Robert Pommer, Anfang November 1938, KGH.
21 Brief von Ludwig Gerstein an Kurt Gerstein, 8. Oktober 1938, KGH.
22 Brief von Kurt Gerstein, 9. Oktober 1938, Document Center, Berlin.
23 Brief von Kurt Gerstein an seinen Vater, 26. November 1938, KGH.
24 Brief von Ludwig Gerstein, 30. Januar 1939, Document Center, Berlin.
25 Urteil des Obersten Parteigerichts vom 22. Juni 1939, Document Center, Berlin.
26 Brief von Hugo Stinnes an Kurt Gerstein, 24. Juli 1939, KGH.
27 Beschluß der Spruchkammer Tübingen, KGH.
28 Brief von Kurt Gerstein, 14. Mai 1940, KGH.
29 E. Wolf, *Kirche im Widerstand?*, München 1965, S. 10.

DIE ENTSCHEIDUNG

1 Bericht Gerstein; verschiedene Fassungen.
2 Vernehmung Kurt Gersteins durch Major Brokhardt vom ORCG, Paris, 26. Juni 1945, Doc. WC–90, CDJC, Paris.
3 Léon Poliakov, *Le Bréviaire de la haine*, Paris 1951, S. 212.
4 Gerald Reitlinger, *The Final Solution*, New York 1961, S. 131 (deutsche Ausgabe: *Die Endlösung*).
5 Léon Poliakov, a. a. O., S. 217 (hier rückübersetzt).
6 Predigt von Bischof von Galen, 3. August 1941, zit. von H. A. Jacobsen und W. Jochmann, *Ausgewählte Dokumente zur Geschichte des Nationalsozialismus*, Bielefeld 1961.
7 Karl Gerstein, a. a. O.
8 Aussage von O. Wehr, »Augenzeugenberichte zu den Massenvergasungen« in *Vierteljahreshefte für Zeitgeschichte*, 1953, Nr. 2 Fn. 34; hier zit. nach R. Hochhuth, *Der Stellvertreter*, Hamburg-Reinbek, Mai 1964, S. 231.
9 H. Franz, a. a. O., S. 24.
10 Kurt Rehling, a. a. O.
11 Schriftliche Aussage von Heinz Schmidt, 14. April 1964, KGH.
12 Vgl. unten S. 165 ff.
13 Urteilsbegründung des Schwurgerichts Frankfurt in der Sache Dr. Gerhard Peters, 27. Mai 1955, S. 13, KGH.
14 Bericht der Gestapo, Berlin, 4. Januar 1940, Archive der »DDR«.
15 Schreiben des Arbeitsamts Eisenach, 18. September 1940, Archive der »DDR«.
16 Schwurgericht Frankfurt, a. a. O., S. 14.

BELZEC UND TREBLINKA

1 Gerstein-Bericht.
2 Helmut Franz, a. a. O., S. 46.
3 Randbemerkung von Frau Gerstein am Brief: »Gefährlich leben«?
4 Brief von Kurt Gerstein an seine Frau, 26. April 1941, KGH.
5 Brief von H. J. Ubbink an das Department of Justice, München, 14. September 1949, KGH. (Rechtschreibung von den Übersetzern berichtigt.)
6 Zeugenaussage Kurt Rehlings im Degesch-Prozeß, *Frankfurter Neue Presse*, 12. März 1949.
7 Militärische Beurteilung Gersteins vom 5. Mai 1941, KGH.
8 Wenn das Zitat von Franz genau ist, ist es dieses Nietzsche-Wort, auf das Gerstein in seinem Brief vom 26. April 1941 an seine Frau anspielt.
9 Helmut Franz, a. a. O., S. 26.
10 Bericht Karl Gerstein, a. a. O.
11 Brief von Kurt Gerstein an seine Frau, 7. August 1941, KGH.

12 Brief von Kurt Gerstein an seine Frau, 5. September 1941, KGH.
13 Helmut Franz, a. a. O., S. 27 .
14 Ebendort, S. 63.
15 Doc. PS–710; hier zit. nach Walther Hofer, *Der Nationalsozialismus – Dokumente 1933–1945*, Fischer Bücherei, Dez. 1957, S. 296 f.
16 Doc. PS–2992. ebendort, S. 301 ff.
17 Doc. PS–710, ebendort, S. 304 f.
18 Über Prof. Pfannenstiel siehe S. 105–110.
19 Gerstein-Bericht. Wir benutzen weiter die französische Fassung (und die Übersetzer ziehen stets die deutsche für die Formulierung heran). Wir ergänzen den Gerstein-Bericht durch einige Stellen aus den Vernehmungen, denen er am 26. Juni und 10. Juli 1945 in Paris unterzogen wurde, sowie durch ein Schriftstückfragment, das nach seinem Tode unter seinen Papieren gefunden wurde.
Von den Fußnoten stammen einige von Prof. H. Rothfels; er fügte sie der deutschen Fassung des Gerstein-Berichts bei der Veröffentlichung in den *Vierteljahresheften für Zeitgeschichte* im Jahr 1953 bei. Diese Fußnoten werden durch (R) kenntlich gemacht.
20 Protokoll der Vernehmung vom 10. Juli 1945, KGH.
21 Es handelt sich um den Ministerialrat Dr. Herbert Linden vom Reichsinnenministerium, der als Leiter der »Gemeinnützigen Transportgesellschaft« die Durchführung des Euthanasieprogramms seit 1939 betrieb (R).
22 Professor Rothfels ist es nicht gelungen, diese Person zu identifizieren. Im Jahr 1962 stellte man fest, daß es sich nicht um SS-Hauptsturmführer Obermeyer, sondern Oberhauser handelt. Er befindet sich noch in Freiheit.
23 Zu diesem Thema siehe S. 105.
24 Prof. Pfannenstiel leugnete später, diese Worte gesprochen zu haben, mindestens nicht in dem sarkastischen Sinn, den ihnen Gerstein gibt ... Er leugnete ebenfalls die Wahrheit der Einzelheiten, die über ihn in dem Bericht noch folgen.
25 Gerstein-Bericht.
26 Nachlaß Gerstein, KGH.
27 Léon Poliakov und Joseph Wulf, *Le IIIe Reich et les Juifs*, S. 113 f.
28 Ebendort, S. 67.
29 Hier folgt eine unvollständige Passage.
30 Aussage Wilhelm Pfannenstiels vor dem Landgericht Darmstadt, 6. Juni 1950, Yad Washem, Jerusalem.
31 Aussage Pfannenstiels vor der Staatsanwaltschaft Marburg, 9. Februar 1951, Yad Washem, Jerusalem.

EIN RUF OHNE WIDERHALL

1 Gerstein-Bericht.
2 Interview mit Baron von Otter, *Rheinischer Merkur*, 24. Juli 1964.

3 »Le dossier Gerstein« in *Le Monde Juif*, a. a. O. Unter dem 2. April 1948 hatte von Otter sein Gespräch mit Gerstein in fast gleichlautenden Ausdrücken in einem an Egon Franz gerichteten Brief bestätigt. Vgl. Helmut Franz, a. a. O., S. 92 f.
4 Schreiben von Armin Peters an Oberstaatsanwalt beim Landgericht Frankfurt, 28. Juli 1948, KGH.
5 Gerstein-Bericht.
6 Brief von Generalkonsul Paul Bergstrasser an Randolph Braumann, 25. März 1965, KGH.
7 Helmut Franz, a. a. O., S. 27 ff.
8 Eidesstattliche Aussage von Otto Völckers, 16. Februar 1949, KGH.
9 Aussage von Elfriede Gerstein, 16. Februar 1961.
10 Brief von Alexandra Bälz an das Institut für Zeitgeschichte, München, 7. August 1953, IfZG.
11 Schriftliche Zeugenaussage von O. Wehr, 24. Januar 1949, IfZG, München.
12 Kurt Rehling, a. a. O.
13 Otto Dibelius, *Obrigkeit*, Stuttgart 1963, S. 141.
14 Léon Poliakov, *Le Bréviaire de la haine*, S. 242–244.
15 Gerald Reitlinger, a. a. O., S. 196.
16 Ebendort, S. 199.
17 Raul Hilberg, *The Destruction of the European Jews*, Chicago 1961, S. 212.
18 Ebendort.
19 Ebendort, S. 199.
20 Peter Bamm, *Die unsichtbare Flagge*, München 1963, S. 74.
21 Ebendort, S. 152.
22 Wolfgang Scheffler, *Judenverfolgung im Dritten Reich*, Berlin 1964, S. 59.
23 Michael Mazor, *Le Phénomène nazi*, Paris 1957, S. 63.
24 Gerald Reitlinger, a. a. O., S. 165.
25 Heinz Boeberach, *Meldungen aus dem Reich*, Neuwied und Berlin 1965, S. 383.
26 Reitlinger, a. a. O., S. 266.
27 Ebendort, S. 250.
28 Heinrich Hermelink, *Kirche im Kampf*, Tübingen und Stuttgart 1950, S. 509.
29 Ebendort, S. 654 (hier zit. nach Walther Hofer, a. a. O., S. 164 f.).
30 Kurt Meier, a. a. O., S. 104 .
31 Max Geiger, a. a. O., S. 49.
32 Ebendort, S. 46.
33 Guenter Lewy, *Die katholische Kirche und das Dritte Reich*, München 1964, S. 320, 317.
34 Ebendort, S. 318 f.
35 Ebendort, S. 319.
36 Brief von H. Ubbink an das Department of Justice, München, 14. September 1949, KGH.

37 Jan Karski, *Sotry of a Secret State,* Boston 1944, S. 383 ff.
38 Raul Hilberg, a. a. O., S. 718 ff.
39 Robert Sherwood, *Roosevelt and Hopkins,* New York 1948, S. 717.
40 Jan Karski, a. a. O., S. 320 f.
41 *La politique pratiqué par la Suisse à l'égard des réfugiés au cours des années 1943 à 1945,* Rapport adressé au Conseil fédéral à l'intention des conseils législatifs par le professeur Carl Ludwig, Basel–Bern 1958, S. 219 ff.
42 Ebendort, S. 222.
43 Ebendort, S. 192.
44 Ebendort, S. 199.
45 Ebendort, S. 216.
46 Ebendort, S. 210.
47 Doc. NG–5291, hier zit. nach Pinchas E. Lapide. *Rom und die Juden,* Freiburg 1967, S. 101.
48 S. Friedländer, *Pie XII et le IIIe Reich,* Paris 1964, S. 104.
49 Foreign Relations of the United States 1942, III, S. 775 ff.
50 Ebendort, S. 777 f.
51 Léon Poliakov, »The Vatican and the Jewish Question« in *Commentary,* November 1950; hier zit. nach Lapide, a. a. O., S. 149.
52 S. Friedländer, a. a. O., S. 137.
53 Gerstein-Bericht.

GERSTEIN IN BERLIN

1 Schriftliche Aussage von J. M. Nieuwenhuizen, KGH.
2 Schriftliche Aussage von Henk de Vos, 1965; hier zitiert nach einer deutschen Übersetzung im KGH.
3 Aufzeichnung nach Band der Aussage von Herbert Eickhoff, 18. April 1964, KGH.
4 Schriftliche Aussage von Dr. Hermann Ehlers, 26. Januar 1949, KGH. (Hier zit. nach H. Franz, a. a. O., S. 90.)
5 Brief von Kurt Gerstein an seine Frau, 31. Dezember 1944, KGH.
6 Brief von Domkapitular P. Buchholz, 10. Juli 1946, KGH.
7 Aussage von Pfarrer Mochalski, »Dossier Gerstein« in *Le Monde Juif,* a. a. O.
8 Zitiert in der Urteilsbegründung der Spruchkammer Tübingen vom 17. August 1950.
9 Ebendort.
10 Brief von Dr. Nissen an Elfriede Gerstein, 1. Oktober 1957, KGH.
11 Ebendort.
12 Brief von Elfriede Gerstein an Dr. Nissen, 30. September 1957, KGH.
13 Brief von Arnulf G. Gerstein an die *Saarbrücker Zeitung,* 25. Juli 1964, KGH.
14 Erklärung von Dr. Walter Eckhardt, 18. Dezember 1948, KGH.

15 Erklärung desselben, 12. November 1954, KGH.
16 Brief von Armin Peters, 28. Juli 1948, KGH.
17 Brief von Helmut Franz an Egon Franz, 30. Mai 1944, Helmut Franz, a. a. O., S. 102.
18 Vgl. oben S. 56.
19 Zeugnis von Martin Niemöller vom 13. November 1950, KGH; Zeugnis von Pfarrer Mochalski, KGH.
20 Vgl. oben S. 118.

ZYKLON B

1 Gerstein-Bericht – amtliche Rückübersetzung der Vernehmung durch Major Evans und Mr. Haught, 5. Mai 1945.
2 Ebendort.
3 Urteilsbegründung der Berufungsinstanz, Schwurgericht Frankfurt, in der Strafsache gegen Gerhard Peters vom 27. Mai 1955, S. 8. Dieser Text wird hier noch häufiger zitiert und als »Frankfurt/Peters/Mai 1955« bezeichnet werden.
4 Frankfurt/Peters/Mai 1955, S. 8.
5 Ebendort, S. 10.
6 Doc. NI–9908.
7 Zitiert bei L. Poliakov und J. Wulf, *Das Dritte Reich und die Juden*, Berlin 1955, S. 113 f.
8 Brief der Degesch an Peters, 8. Januar 1946, Doc. NI–15028.
9 Brief von Gerhard Peters an die Degesch, 20. Januar 1946, Doc. NI–115028.
10 Frankfurt/Peters/Mai 1955, S. 26.
11 Ebendort, S. 22.
12 »Dossier Gerstein« in *Le Monde Juif*, a. a. O. (Hier rückübersetzt.)
13 Es handelt sich hier um die drei Fassungen – eine französische und zwei deutsche – des Gerstein-Berichts.
14 (Der Verfasser hat den französischen Originaltext an dieser Stelle leicht verbessert, was sich jedoch auf die deutsche Übersetzung nicht auswirkt. A. d. Ü.)
15 Frankfurt/Peters/Mai 1955, S. 33 ff.

DAS ENDE

1 Brief von Kurt Gerstein an Ludwig Gerstein, 5. März 1944, KGH.
2 Brief von Ludwig Gerstein an Elfriede Gerstein, 24. November 1946, KGH.
3 Undatierter Brief von Kurt Gerstein an seinen Vater (Herbst 1944), KGH.
4 Erklärung von Mochalski, 12. Mai 1964, KGH.

5 Helmut Franz, a. a. O., S. 33 f.
6 Brief von Elfriede Gerstein, 22. März 1965, KGH.
7 Aussage von Elfriede Gerstein, 16. Februar 1961, KGH.
8 Nachlaß Gerstein, KGH.
9 »Dossier Gerstein«, a. a. O. (hier in der amtlichen deutschen Übersetzung des Nürnberger Gerichtshofs).
10 Erklärung von John W. Haught, 30. Januar 1961, Archive der Polizei von Israel.
11 Anhänge zum Gerstein-Bericht, KGH.
12 Bruchstück eines nicht datierten Briefes von Gerstein, wahrscheinlich an den Militärkommandanten von Rottweil gerichtet, Nachlaß Gerstein, KGH.
13 Brief von Kurt Gerstein an seine Frau, 26. Mai 1945, KGH.
14 Brief von Pfarrer Hermann Buhr, 1. Juni 1964, KGH.
15 Erklärung von Lehrer Hans Künstle, 14. Februar 1949, KGH.
16 Schreiben von G. Mantout, 6. Juni 1945, Dossier Gerstein, War Crimes Commission/France. Archiv Yad Washem, Jerusalem, und Archiv der Vereinten Nationen, Genf.
17 *Le Monde Juif*, a. a. O.
18 Brief von Landgerichtsdirektor Fritz Trautwein, 21. März 1958, KGH.
19 Zeugenaussage von Anton Maier, 23. Dezember 1959, KGH.
20 Undatierter Brief von Kurt Gerstein an H. J. Ubbink, Nachlaß Gerstein, KGH.

SCHLUSSBEMERKUNGEN

1 Spruch der Spruchkammer Tübingen, 17. August 1950.
2 Schreiben des Kanzleichefs des Ministerpräsidenten von Baden-Württemberg, 25. März 1965, KGH.

Register

BILDNACHWEIS: Alle Bilder wurden freundlicherweise vom Kurt-Gerstein-Haus, Berchum, zur Verfügung gestellt.

Aus dem Verlagsprogramm